KB267210

디아스포라 2세 교육목회

디아스포라 2세 교육목회

펴낸 날 · 2009년 6월 15일 | **초판 1쇄 찍은 날** · 2009년 6월 10일
지은이 · 권상길 | **펴낸이** · 김승태
등록번호 · 제2-1349호(1992. 3. 31) | **펴낸 곳** · 예영커뮤니케이션
주소 · (136-825) 서울시 성북구 성북1동 179-56 | **홈페이지** www.jeyoung.com
출판사업부 · T. (02)766-8931 F. (02)766-8934 e-mail: edit1@jeyoung.com
출판유통사업부 · T. (02)766-7912 F. (02)766-8934 e-mail: sales@jeyoung.com

copyright ⓒ 2009. 권상길
ISBN 978-89-8350-528-6 (03230)

값 8,000원

* 잘못 만들어진 책은 교환해 드립니다.
* 본 저작물은 저작권법에 의하여 한국 내에서 보호를 받는 저작물이므로 무단 전제와 무단 복제를 금합니다.

한국신학총서 19

디아스포라 2세 교육목회

림형천·권준·김도일·조혜정 추천
권상길 지음

『디아스포라 2세 교육목회』의 출판을 기쁘게 생각합니다. 미주에 한인 이민 역사가 시작된 지 100년이 지났지만 2세들의 교육에 관한 지침은 별로 없었습니다. 북미주인 미국과 캐나다에 한인 교회가 4,000개가 넘고 장로교, 감리교, 침례교 등 건실하다는 교단도 많지만 2세들을 위한 신앙 교육의 커리큘럼을 가지고 있는 곳은 거의 없는 것이 현실입니다. 그만큼 새로운 땅에서 2세들을 바르게 양육하는 것은 쉽지 않습니다. 모두가 새로운 길을 가는 셈이기 때문입니다. 자녀들이 잘되기를 원하고 그것을 위하여 열심히 일해 온 이민 1세들이지만 그러한 바람과 실제 교육 현실과는 큰 차이가 있습니다. 그런 상황에서 이 책은 제목과도 같이 2세 교육의 길라잡이 역할을 해 줄 수 있으리라 확신합니다. 저자 권상길 목사님은 본인이 1.5세로서 한국과 미주의 문화적인 차이와 갈등을 경험하며 성장하였기에 보다 현실적인 관점에서 교육 문제를 다루고 있습니다. 이제는 2세들의 자녀 교육을 책임지고 있는 지도자의 관점으로 현재와 미래 교회 교육의 대안을 제시하고 있습니다. 미지의 땅이나 험난한 길일수록 길라잡이가 더욱 필요한 것처럼 이 책이 쉽지 않은 이민 교회 교육의 현실을 객관적으로 보게 하고 바른 방향을 잡아가는 데 소중하게 쓰일 것임을 믿습니다.

나성영락교회 담임

림형천 목사

미국 이민 역사 100년, 이제 다음 세대를 생각하지 않으면 안 될 시기에 놓여 있습니다. 아무 것도 모르고 부모님을 따라 이민 와서 들판의 잡초처럼 자랐던 세대와는 다른 세대가 지금 우리 품에서 자라나고 있습니다. 그 때는 부모가 하라는 대로 순종하고, 교회도 무조건 가야 하는 줄 알았고, 하나님도 믿어야 되는 줄 알고 살았는데, 어느새 그 세대들이 부모가 되었고, 그때와는 전혀 다른 환경과 문화 속에서 자라나고 있는 다음 세대를 보며 어떻게 키워야 하는지 고민하고 있습니다. 잠깐 방심하다가는 한 세대를 놓칠 것 같은 안타까움이 다음 세대를 보면 느껴집니다. "어떻게 키울 것인가, 어떻게 교육할 것인가, 어떻게 신앙의 유산을 그들에게 물려 줄 것인가?" 이것이 우리들의 깊은 고민입니다.

한국인도 아니고, 그렇다고 100% 미국인도 아닌 교포들을 위한 신앙교육 지침서가 바로 권상길 목사님의『디아스포라 2세 교육목회』입니다. 한국적으로 가르쳐도 괴리감이 있고, 미국적으로 가르쳐도 딱히 들어맞지 않는 이민 교회의 2세들에게 그들만의 독특함에 맞게 잘 계발하여 다중 문화에 익숙한 다음 세대를 올바로 키워 내고자 하는 교회 지도자들에게 꼭 권하고 싶은 책입니다. 이 책은 이민 교회가 가진 장점과 단점을 잘 파악해서 정리해 주었습니다. 우리가 가진 좋은 점들을 잘 활용하고, 단점이 무엇인지 알고 개선해 나가면 세계를 움직일 그리스도인들을 이 땅에서 키워 나갈 수 있다는 희망을 볼 수 있습니다.

이제는 먹고 사는 것이 우선이 아니라 다음 세대를 키워 나가는 것에 더 관심을 두어야 할 시점이라고 여겨지는 시기이기에 이 책은 우리 가슴 깊이 파고듭니다. 이민 교회를 섬겨 본 사람이라면, 이 책에서 다뤄지는 내용들을 직접 경험하고 안타까워 해 보았기에 여기서 제시한 해결책에 가슴을 쓸어내리며 안도의 숨을 쉬게 될 것입니다.

우리가 하지 못한 일을 하고, 우리가 밟지 못한 땅을 밟을 세대가 바로 다음 세대입니다. 그래서 그들을 신앙으로 더욱 무장시켜야 하는 것이 부모 세대의 가장 중요한 과제입니다. 이제 이 책을 통해 우리가 이해하지 못했던 다음 세대들과 화해하고 교육과 훈련을 위한 마음을 열어 보기 원합니다.

시애틀 형제교회 담임
권준 목사

『디아스포라 2세 교육목회』는 이민 교회에서 교육목회를 하고 있는 실무자의 글이기에 높은 가치가 있습니다. 미국이라는 특수한 사회에서 한국인 2세로 살아가는 삶은 그리 녹록치 않습니다. 부모가 언어와 문화 장벽 앞에서 고생하면서 투쟁하는 것을 눈으로 목격한 2세들은 한편으로 부모처럼 살지 않겠다고 다짐하지만 자신도 모르게 그토록 혐오하던 부모의 단점마저도 자신의 일부가 되어 있는 것을 발견하면 소스라치게 놀랍니다. 다른 백인 가정들과 달리 삶의 여유가 없는 것을 불평하면서 자라던 2세들은 성인에 가까워질수록 고통과 장애를 극복하면서 자신을 키워 주고 여기까지 올 수 있도록 뒷받침한 부모에게 내심 존경심을 갖게 됩니다. 왜 부모들이 그토록 교회 중심, 신앙 중심의 삶을 살았는지를 이해하게 됩니다. 그러나 그런 생각에 젖을 여유도 없이 곧 정글과도 같은 미국 사회에서 '과연 기독신앙인으로서 어떻게 살아야 할까?'를 고민하게 됩니다.

이 책은 자녀들을 어릴 때부터 '균형 잡힌 신학'으로 세우고, '올바른 신앙'으로 도울 수 있게 해 주는 매뉴얼이 적은 이 시대에 꼭 필요하다고 여겨집니다. 오랜 세월 세계 각국에 흩어져 있는 이민 교회의 부모와 교역자와 교육 전문가에게는 생수와도 같은 책입니다. 또한 각국에서 분투하고 있는 디아스포라들을 효과적으로 돕기 위하여 연구하는 한국의 교육자들과 교육 선교적 마인드를 갖고 있는 목회자들에게도 큰 도움이 될 것입니다. 제가 아는 권상길 목사님은 두 마음을 품지 않고 그리스도의 마음을 전하기 위해 목표를 향해 달려가는 그야말로 맑은 영성을 소유한 사람입니다. 이 책의 구석구석에서도 그의 깨끗한 인격과 성실한 삶의 향기가 납니다. 한때 이민 교회에서 성장하고 목회하다가 지금은 한국의 신학교에서 세계 교회를 위해 일하려고 노력하는 사람으로서 두 손 들고 이 책의 출현을 기뻐하며 온 마음을 다해 이 책을 추천하는 바입니다.

장로회신학대학교 기독교교육학 교수

김도일 목사

흔히 한인 2세들을 두고 '바나나 세대'라고 말을 합니다. 겉은 한인이지만 속 알맹이, 즉 삶의 방식은 미국 현지인과 다를 바 없다는 말을 꼬집어서 지칭하는 듯합니다. 이 상징적 표현에서 얻는 시사점이 있다면 2세는 1세와 다른 독특한 흥미와 필요가 있고, 사람들이 교육목회의 중심부에 있다면 교회는 마땅히 이런 차이점을 충분히 인식하고 이들을 양육하고 지원할 방법을 찾아야 한다는 것입니다.

이민 교회의 많은 목회자들이 2세들을 보듬어 안고 신앙공동체의 주체로서 초대하며 영적 부흥에 대한 목마름이 있어 왔지만 목회 현실은 '소리 없는 탈출(Silent Exodus)'로 표면화를 목격하는 안타까운 현실의 메아리뿐이었습니다. 이민 교회는 '누구를 교육하는가?'라는 물음에 주눅들고 2세를 향해 공감대의 다리를 놓는 것도 매우 버거워 했습니다.

그러나 분명한 것은 Craig Dykstra의 말처럼 좋은 교육과 목회라면 목회의 본질에 타인을 수용하고, 이해하고, 주목하는 것이 필요하고, 또한 교육목회가 그들의 삶에 어떻게 펼쳐지는 지 관심을 가지는 것입니다.

이런 노력의 일환으로 2세에 대한 가슴앓이를 한 목회자의 한 사람으로서 거룩한 부담감으로 쓰신 권상길 목사님의 저서 『디아스포라 2세 교육목회』를 보면서 매우 반갑고 감사한 마음이 들었습니다. 그리고 이민 목회자의 풍부한 경험과 예리한 통찰력에서 우러나온 다양한 정보들과 실제적인 대안들은 이민 교회에서 사역하시

는 목회자, 교육 전도사, 그리고 2세를 담당하시는 교사들에게 매우 유익한 지침이
되리라 확신합니다.

총신대학교 아동학과 교수

조혜정 교수

얼마 전 기독교 신문에서 '한인 이민 교회, 문화가 없다'는 주제의 기사를 읽었습니다. 이 기사는 어떤 기독교 신문 기자가 한국 출장 중에 분당의 한 교회를 방문한 소감을 담고 있었습니다. 기자는 그 교회에서 이민 교회 부목사 경험을 가진 분을 만났습니다. 그런데 그 목사가 대뜸 "이민 교회가 한국 교회보다 10년이나 뒤떨어졌다"는 말을 하였습니다. 기자는 미국 이민자로 그 목사의 말이 귀에 매우 거슬렸다고 합니다. 하지만 아무리 곰곰이 생각을 해 봐도 이민 교회가 한국 교회보다 더 낫다고 반박할 만한 근거를 찾을 수가 없었습니다. 그래서 기자는 이민 교회가 한국 교회보다 발전하지 못한 원인이 무엇인지를 파악해 보았습니다. 그 후 기자는 이민 교회가 교회적 특성에 맞는 문화를 개발하고 발전시키지 못했기 때문이라는 것을 깨달았습니다. 그 중에서도 이민 교회의 2세 교육의 문제는 문화적 요인보다 더 심각하다는 것입니다. 기자는 이렇게 말합니다. "목회의 질의 문제가 다소(多少)간의 문제라면 2세 교회교육은 이민 교회의 생사(生死)의 문제이다."

이 기사를 읽는 동안 내게는 감당할 수 없는 심적 부담감이 밀려 왔습니다. '한인 교회 내 2세 교육은 생사의 기로에 놓여 있다.'라는 말이 현 한인 교회 실정을 그대로 나타 낸다고 여겨졌기 때문입니다. 한인 이민 교회 역사가 100년이나 지난 이 시점에 그 어디에도 2세 교육에 대한 지침서를 찾아볼 수 없습니다. 2세 교육에 대한 자료도 없습니다. 물론 2세 교육에 대한 분명한 정답을 찾는 것은 쉽지 않습니다. 하지만 다양한 시행착오를 거치면서 보다 바람직한 2세 교육의 모델을 제시해야 할 때입니다. 이민 교회의 교육은 한국 교회의 교육과 많이 다릅니다. 교육의 대상이 다르고 배경이 다릅니다. 그렇기에 이민 교회를 위한 교육 지침서가 꼭 필요합니다. 나는 "이러한 일을 누군가가 반드시 해야 한다면 내가 해 보자. 언젠가 꼭 감당해야 한다면 지금 시작하자."라는 다짐 속에서 이 글을 쓰기 시작했습니다. 이제까지 겪었던 수없이 많은 이민 교회 2세교육의 시행착오들을 바탕으로 작은 지혜들을 모은 이 책이 이민 교회의 미래에 조금이나마 도움이 되었으면 하는 바람입니다.

이 책이 나오기까지 많은 분들의 기도와 도움이 있었습니다. 저를 위해 사랑과 정성으로 기도하고 후원하는 아내와 세 자녀들, 늘 따뜻한 말로 격려해 주시는 아버지와 어머님, 그리고 형님에게 감사의 마음을 전하고 싶습니다. 사역을 하면서 목회자의 참모습을 발견하게 해 주시는 림형천 목사님과 권준 목사님, 만날 때마다 아낌없는 후원과 지원을 해 주시는 김도일 교수님과 조혜정 교수님에게도 감사의 뜻을 전합니다. 이번 책의 원고를 꼼꼼히 살펴 주시고 조언해 주신 박원철 목사님과 이혜심 권사님도 잊을 수 없습니다. 무엇보다 이 책이 출판되기까지 뒤에서 가장 많이 지원해주신 예영커뮤니케이션 김승태 사장님께 감사를 드립니다.

마지막으로 비천한 사람에게 하나님의 비전을 주시고 이민 교회에서 사역자로 살아갈 수 있도록 도와주시는 존귀하신 하나님께 감사를 드립니다.

로스앤젤레스에서
권상길 목사

차례

1부 한인 2세들의 현실

2부 2세들의 소리 없는 탈출을 방지하기 위한 아홉 가지 대안들

들어가는 말

이민 교회 2세 교육에 대한 대안을 성급하게 내놓기에 앞서

나는 그동안 이민 교회 목회를 하며 경험하고 목격한

한인 2세들의 현실을 1부에서 살펴보기 원합니다.

이후 2부에서는 이러한 문제점을 극복하고,

한인 2세 목회를 효과적으로 감당하기 위한 여러 대안을 제시하고자 합니다.

한인 2세들의 현실

이민 교회의 목회 대상은 매우 포괄적입니다. 한인 이민 교회의 목회 대상은 단순하게 이해하려고 해도 한인 1세, 한인 2세, 한인 1.5세 등으로 나누어지기 때문에 그 폭이 매우 넓다고 할 수 있습니다. 그러므로 2세 교육을 성공적으로 감당하기 위해서 목회 대상의 구체적인 이해가 반드시 필요합니다. 그리고 2세들의 특성에 맞는 정확한 목회 방향이 설정되어야 합니다.

이민 교회 내에서도 어떤 이는 한국어가 편한 반면 어떤 이는 영어를 더 편하게 느낍니다. 어떤 이는 한국 문화가 익숙하지만, 어떤 이는 미국 문화가 더 익숙합니다. 그러므로 바른 2세 교육을 위해서는 다양한 목회 대상의 차이점을 분별해야 합니다. 이민 교회는 교회와 가정에 존재하는 1세와 2세의 언어적 차이, 문화적 차이, 사고와 관습의 차이를 조화롭게 극복할 수 있는 방안을 제시할 수 있어야 합니다.

우리가 이민 교회 2세 교육을 이해하기 위해서 우선적으로 알아야 할 개념이 하나 있습니다. 그것은 바로 'Silent Exodus(소리 없는 탈출)'입니다.

1
소리 없는 탈출

소리 없는 탈출(Silent Exodus)이라는 표현은 1996년 『Christian Today』지에 헬렌 리(Helen Lee)씨가 기고한 "Silent Exodus, Can the East Asian Church in America Reverse the Flight of Its Next Generation?"라는 기사에서 처음 사용되었습니다. 그 후 한인 2세들이 미국 내 한인 교회를 떠나는 현상을 가리키는 보편적인 표현이 되었습니다.

통계적으로 한인 2세들은 고등학교 졸업을 전후하여 70%가 한인 교회를 떠난다고 합니다. 더 안타까운 것은 대학을 졸업하고 사회에 진출하면서는 90%가 한인 교회를 떠난다는 사실입니다.[1] 실제로 교육부에서 사역을 하다 보면 이러한 통계가 결코 과장되지 않았다는 것을 알게 됩니다. 대체적으로 2세들은 고등학교에 다닐 때까

---

1) Silent Exodus에 대한 통계에 대해서는 아직까지 여러 가지 설들이 있다. 한인 2세 가운데 10명 중 9명이 대학을 졸업하고 사회에 진출하며 교회를 떠난다는 통계를 그들 모두가 믿음과 신앙을 저버리는 것으로 간주하면 안 된다. 한인 교회를 떠나 미국 교회나 다민족 교회에 출석하는 숫자도 포함이 되어야 정확하다. 참고로 90%의 2세가 교회를 떠난다는 통계에 대해서는 여러 신문 기사에 실려져 있으나 가장 최근에 참조한 것은 2008년 5월 10일자 미주기독일보판에서다. www.christianitydaily.com

지는 부모님과 함께 교회에 잘 나옵니다. 하지만 대학에 진학하면서부터 하나 둘씩 교회를 멀리합니다. 같은 교회 내에서도 중, 고등부 출석 숫자와 대학부 출석 숫자에 큰 차이를 볼 수 있습니다. 그나마 대학교에 다닐 때까지 교회에 잘 나오던 2세들이 사회에 진출하면서부터 거의 집단적으로 한인 교회를 떠나는 것을 목격하게 됩니다. 이민 사회 내의 이런 현상은 이민 교회에 대한 경종이라고 할 수 있습니다.

지난 100여년의 미국 이민 역사 가운데 한인 이민 교회는 그야말로 괄목할 만한 성장을 이루었습니다. 그러나 대형 한인 교회가 아무리 많다고 해도 '소리 없는 탈출'(Silent Exodus)의 움직임이 멈추지 않는다면 이민 교회의 미래는 없습니다. 우리 이민 교회는 과거 유럽 교회를 타산지석으로 삼아야 합니다. 유럽 교회는 천여 년 간의 부흥기를 지킨 강한 교회였습니다. 그러나 세계 2차 대전 후 유럽 교회는 급격하게 몰락합니다. '신의 일식(eclipse of God)'이 유럽대륙을 뒤덮었습니다. '신의 장례식(God's funeral)'이 확산되었습니다. 그 후 유럽 교회는 그야말로 증발 아닌 증발을 해 버렸습니다. 이 유럽 교회가 어떤 교회였습니까? 과거 여러 차례의 부흥 운동을 통해 세워진 절대 망할 것 같지 않았던 견고한 교회 아닙니까? 지금은 천 명 이상 수용할 수 있는 유럽의 대형 교회들의 신자가 20-30명밖에 안 됩니다. 이름 난 몇몇 교회들은 관광 명소로 전락되었습니다. 대부분의 교회 건물들은 팔려 나가서 당시 찬란했던 영화는 간 데 없이 아파트로, 카페로, 심지어 나이트 클럽으로 변해 버렸습니다.

이러한 모습은 백여 년 전 평양대부흥운동을 통해 순식간에 기독교 복음화가 이루어진 한국과 매우 흡사합니다. 100년 동안 유래 없는 성장세를 이어 왔던 한국 교회는 1990년을 전후로 성장이 멈추었습니다. 이민 교회도 마찬가지입니다. 한인 교회들의 대부분이 고령화되고 있는 실정입니다. 젊은 세대들이 더 이상 교회를 찾지 않습니다. 교회에 매력을 느끼지 못합니다. 그러므로 이제 이민 교회는 앞 다투어 젊은 세대들을 사로잡을 만한 대안과 방법을 모색해야 합니다.

2
2세들이 교회를 떠나는 다양한 이유들

이민 교회의 사회적인 기능과 역할은 1세와 2세 사이에 큰 차이가 있습니다. 1세들에게 있어 교회는 그들의 신앙과 사회적인 행복을 위해 절대적으로 필요한 장소입니다. 대부분의 1세들은 교회에 소속됨으로 인해 이민자로서의 만족과 안식을 얻습니다. 이민자로서 살아가며 받았던 상처와 아픔들을 교회를 통해 치유받기도 합니다.

하지만 2세들은 그렇지 않습니다. 통계적으로 50%가 넘는 2세들은 교회가 그들의 생활과 전혀 상관이 없다고 말합니다. 부모의 영향을 벗어나기만 하면 한인 교회를 떠나겠다고 말합니다.[2]

그렇다면 2세들이 교회를 떠나는 이유는 무엇일까요?

---

2) Pai, Young & Deloras Pemberton & John Worley, 『*Findings on Korean-American Early Adolescents*』(Kansas City: University of Missouri-Kansas City, School of Education 1987).

1. 문화적 이질감

　문화에 대한 구체적인 설명은 추후 덧붙이겠지만, 간단하게 말해 2세들은 한인 교회에서 겪는 문화적 차이 때문에 교회를 떠납니다.

　북미 문화는 개인의 의사와 독립심을 중요시합니다. 그에 반해 한국적인 문화는 '우리'라는 집단의식이 강하고 개인의 가치를 소속감에서 찾으려 합니다. 북미에서는 각 개인의 의견을 중요시하고 존중해 줍니다. 하지만 한국 사회에서는 집단의 의견과 결정이 중요합니다. 한인 교회 내에 존재하는 여러 문화적 요인들이 2세들을 불편하게 만듭니다. 2세들은 문화적 차이에서 오는 갈등들로 인해 한인 교회에서 평등한 대우를 받지 못한다고 생각합니다.

　보편적으로 한민족은 타문화에 대한 이해가 부족한 편입니다. 늘 단일 민족이라는 의식과 긍지 속에서 살아서 그런지 타문화권에 대한 존중감이 별로 없기 때문입니다. 그러나 2세들은 매일같이 타민족들과 더불어 다양한 문화를 접하고 살아갑니다. 그러므로 이들에게 한국적인 문화가 절대적으로 우월하다는 교육은 잘못된 것이며 도리어 큰 반발심을 불러일으킬 수 있습니다.

　한국인이 가지고 있는 인종에 대한 지나친 편견을 잘 그려 주고 있는 재미있는 글을 인터넷에서 읽은 적이 있습니다. 하루는 어떤 택시 기사가 서울역에서 손님을 기다리고 있었는데 흑인 두 명이 택시에 올라탔습니다. 이들은 택시 기사에게 '종로역'이라고 적힌 쪽지를 전달했습니다. 기사는 이들이 한국어를 전혀 못 한다고 생각했습니다. 택시는 종로역으로 출발했습니다. 신호가 걸려 정차하고 있을 때 옆 차선에 있는 동료와 대화를 나누게 되었습니다.

　택시 기사 동료 : "친구, 어디가나?"

　택시 기사 : "어, 나 연탄 두 장 싣고 종로역 가네."

　이후에 택시가 종로역에 도착하였습니다. 택시 기사는 미터기가 제시한 택시비를 요구했습니다. 그러나 흑인 두 명은 그에 아랑곳하지 않고 단돈 200원을 던져 주었습니다. 택시 기사는 너무 당황한 나머지 "내 논 내놔!"라며 소리를 쳤습니다. 그러자 이 흑인들은 "연탄 두 장 값 맞잖아, 자식아!"라고 말하며 유유히 사라졌습니다.

몇몇 한국인들은 다른 인종들에 대한 편견 속에서 지나친 우월감을 갖고 있습니다. 차라리 다른 인종들에 대한 편견이라면 이해가 됩니다. 그러나 이민 사회에서는 같은 민족임에도 불구하고 1세들이 2세들에게 갖는 편견이 있습니다. 또한 2세들이 1세들에게 갖는 편견이 있습니다. 사실 한인 2세들은 북미 사회에서 '보여지는 소수(visible minority)'라는 제한성을 가지고 살아갑니다. 이 때문에 그들에게는 '변두리 인간'이라는 의식이 있습니다. 그런데 교회에서조차 모국어를 잘 못 한다는 한계 때문에 또 다른 류의 '변두리 인간'으로 살아갑니다.

현재 이민 교회 구조로는 2세들을 수용하기 어렵습니다. 이민 교회는 항상 1세 중심으로 교회 생활을 하기 때문입니다. 2세들의 예배라고 해서 가 보면 아직도 식당, 친교실, 교회 별관 등의 장소에서 모이는 것을 쉽게 접합니다. 2세들을 존중하고 배려하지 않는데 그들이 무엇 때문에 한인 교회에 남겠습니까?

2. 가정에서의 영적 교육 결여

두 번째로 2세들이 성장하면서 한인 교회를 떠나는 이유는 가정에서 영적 교육이 효과적으로 이루어지지 않기 때문입니다. 많은 한인 가정이 2세 신앙 교육에 실패했습니다. 교회 공동체의 중요성을 인식하는 2세들을 찾기가 어렵습니다. 학교 시험 기간이 되면 교회를 빠지는 학생들이 급격하게 늘어납니다. 이것은 2세들의 학교 중심적인 삶의 우선순위를 반영한다고 할 수 있습니다. 많은 부모들은 2세들의 신앙 교육의 책임을 교회에 전가합니다. 그러나 교회가 가정과 연계하지 않고서는 2세들에게 효과적인 신앙 교육을 전수할 수 없습니다. 벌써 수년 전 북미 기독교 청소년들을 대상으로 한 조사를 보면 북미 기독교 청소년들이 교회에서 보내는 시간은 1년 중 50시간 남짓인 반면, 가정과 연계해서 보내는 시간은 3000시간 이상이 된다는 결과가 있습니다. 제 아무리 교회 내에서 효과적인 신앙 교육을 추구한다고 할지라도 교회에서 보내는 50시간과 가정에서 보내는 3000시간은 비교할 수 없습니다. 가정에서 영적인 교육이 이루어지지 않으면 2세들이 교회 공동체에 대한 중요성을 인식할 수가 없게 됩니다.

❖ 자녀들이 보내는 시간 분포 / 북미

소속	시간	통계
학교	평균 하루 7시간 ×5일(한주)	1820시간
가정	평균 하루 8시간	2920시간(수면시간 2555시간 제외)
교회	일주일 1시간 기준	52시간

많은 한인 부모들이 교회 학교를 마치 '믿음 학원'처럼 치부하는 경향이 있습니다. 우리 자녀들이 악기를 배울 때나 운동을 배울 때, 그저 학원에 등록시키고 제 시간에 맞춰서 데려다 주고 또 데리고 오는 것처럼, 교회 학교에서도 그저 아이들만 데려다 주고 데리러 오는 것에 그치는 부모들이 있습니다.

믿음과 신앙의 교육은 부모가 주체가 되어 몸소 실천할 때 효과적으로 이루어질 수 있습니다. 왜냐하면 교회에서의 짧은 시간동안 우리 2세들이 느끼고 배울 수 있는 부분에는 한계가 있기 때문입니다. 가정은 하나님에 대한 최초의 교육 기관입니다. 인격의 요람이며, 교육의 방파제입니다. 따라서 기독교 가정에서는 자녀가 교회에서 배운 신앙적인 삶을 부모를 보고 체험할 수 있어야 합니다. 부모는 가정생활에서 자녀들이 하나님의 실재를 체험하도록 도와야 합니다. 하나님이 그들 가정생활의 중심적 위치를 차지하고 있다는 의식을 갖도록 해야 합니다. 하지만 많은 이민 가정의 부모는 시간적인 제약을 이유로 자녀들의 영적 교육을 등한시하고 있습니다. 이렇듯 가정에서 영적 교육을 제대로 받지 않은 2세들이 신앙공동체의 중요성을 인식하기는 어렵습니다.

3. 한인 교회의 끊임없는 분열과 다툼

나는 고등학교 2학년에 재학 중일 때 캐나다 토론토로 이민을 갔습니다. 이민을 가자마자 출석하게 된 교회가 토론토에서 20년의 역사를 가진 대표적인 한인 교회였습니다. 나중에 알고 보니 20년 역사 가운데 그 교회에서 분열되어 개척된 교회가 12교회나 되었습니다. 내가 출석하는 동안에도 두 차례나 교회가 분열되어 나누어졌습니다. 당시 나는 공동의회 중에 욕설이 난무하고 주먹 싸움이 오고 가는 모습들도 목격했습니다. 감수성이 예민한 10대였던 나는 교회에 대한 회의감을 느꼈습니다.

1994년에 UCLA에서 LA 지역 한인 교회 중 고등부 학생들을 대상으로 '교회 분열을 경험한 횟수'를 설문조사한 결과, 68%가 1번, 30%가 2번 이상이라는 충격적인 결과가 나왔습니다.[3] 나도 지난 20년 간 무려 5번 이상의 교회 분열을 직접 경험했습니다.

몇 년 전 캐나다에 위치한 한인 교회에서 성공적으로 2세 목회를 담당하고 있는 목사와 대화를 나누던 중에 어떻게 목회자로 헌신하게 되었느냐는 물음을 던졌습니다. 그때 그 목사는 과거 어릴 적 부모와 교회에 다니면서 경험한 내분에 대한 이야기를 해 주셨습니다. 교회 식당에서 밥을 먹고 있는데 담임 목사편과 반대편이 나누어져서 냄비며 숟가락이며 식당 도구를 던지며 싸움하는 모습을 수차례 목격했다고 합니다. 그런데 당시에 함께 신앙생활을 했었던 2세 친구들 가운데 그 부모가 서로

---

3) 2007년 9월 5일자 〈미주뉴스앤조이〉

원수가 되어 친구들이 있는 교회에서 함께 신앙생활하지 못하고 결국 교회를 떠나게 되는 일이 비일비재했다고 합니다. 그래서 그때 마음속으로 나중에 목사가 되어 정말 화평한 교회를 세워 보겠다는 다짐을 했다고 합니다.

한인 교회가 단합된 모습을 보여 주기보다는 분열된 모습을, 서로 사랑하고 감싸 주는 모습을 보여 주기보다는 증오하고 미워하는 모습을 2세들에게 보여 줄 때 그들 안에 한인 교회에 대한 부정적인 이미지가 자리 잡게 됩니다. 그러므로 한인 교회가 단합된 모습을 보여 주어야 합니다. 서로 사랑하고 감싸 주는 모습을 보여 주어야 합니다. 그래서 2세들 마음속에 자리 잡은 부정적인 한인 교회의 모습을 제거해야만 합니다. 그러기 위해서 더 이상의 교회 분열은 없었으면 좋겠습니다.

4. 한인 이민 교회의 불확실한 미래 방향

대부분의 2세들은 한인 교회가 주류 사회와 동화하려는 노력을 거의 하지 않으며 북미 사회에서 교회로써 가지는 사명을 감당하고 있지 못하다는 생각을 하고 있습니다. 실제로 한인 교회가 지난 100여 년 간 미국 땅에 존재해 왔지만 미국 내의 그릇되고 잘못된 사회적 문제들에 대해서는 용기 있게 대처하고 있지 못합니다. 교회는 1세들에게 사회적인 안도감을 느끼는 도피처이자 안식처로서만 존재하였습니다. 이런 이민 교회의 모습을 바라보는 2세들은 사회적으로 점점 고립되어 가는 이민 교회가 그들의 세계와는 전혀 무관하다고 느끼게 됩니다. 한인 교회의 영향력을 인정할 수 없고 그에 대한 비전을 바라볼 수 없기 때문입니다. 그러므로 이제 한인 교회는 단순히 1세들을 위한 안식처로 존재해서는 곤란합니다. 사회적으로 영향력을 미칠 수 있는 기능을 감당해야 합니다. 교회가 사회적으로 고립되어 갈 때 비전이 사라지고 존재 목적을 상실하게 됩니다. 하지만 2세들은 사회적으로 영향력 있는 한인 교회를 추구합니다. 그리고 지금도 그러한 교회를 꿈꿉니다.

5. 매력적인 세속주의

우리가 살고 있는 이 시대에 젊은 청소년들을 교회로 인도하는 것은 과거 그 어느 때보다 어렵습니다. 예전과 비교할 수 없는 노력과 투자가 필요합니다. 왜냐하면 청소년들이 교회를 기피하는 현상이 생겼기 때문입니다. 그리고 그 이유는 한 마디로 '교회가 재미없어서' 입니다. 이곳 LA에만 해도 청소년들을 유혹하는 세속 문화들이 지천에 널려 있습니다. 세상 속에서 재미있는 놀이 공간을 찾을 수 있는데 굳이 교회를 나갈 이유가 없습니다. 세속주의는 하나님을 중심하기보다 특정한 시대 정신을 중심한 인간 생활을 지칭하는 것입니다. 우리 2세들은 매력적인 세속주의 사고 속에서 살아갑니다. 불과 20년 전까지만 해도 교회는 청소년들의 문화 공간이었습니다. 교회에 가면 새로운 친구들을 사귈 수가 있었습니다. 교회에서 각종 먹을 것과 선물을 받았습니다. 교회만큼 재미있는 곳이 없었습니다. 그러나 요즘 시대에는 세상적인 것들이 교회보다 훨씬 매력적입니다.

6. 그릇된 민족주의 사고

지난 2002년 국가대표 축구팀이 월드컵에서 4강 달성이라는 우수한 성적을 거두었습니다. 월드컵 이후 가장 유명해진 사람이 있다면 단연 네덜란드 출신 축구 감독 거스 히딩크를 꼽을 것입니다. 히딩크는 월드컵 시작 몇 달 전까지만 해도 자유분방한 사생활과 훈련 방식으로 인해 혹독한 비판을 들었습니다. 그래서 히딩크는 한동안 한국인들에게 별로 인기가 없었던 한낱 이방인에 불과했습니다. 그런데 월드컵 4 강 달성이라는 놀라운 성과를 거두자마자 사람들은 이순신 장군 동상 옆에 히딩크 동상을 세우겠다고 소리쳤습니다. 당시 히딩크가 월드컵 이후 한국을 떠날 것을 염려해 그를 귀화시키자는 주장까지 있었습니다.

'히딩크를 귀화시키자'라는 제목의 신문 기사를 읽으면서 한국의 그릇된 민족주의적 사고가 느껴졌습니다. 귀화를 요청하는 것도 아니고 '시킨다'는 표현이 심상치 않습니다. 한국인들은 한국 국적에 대하여 고귀한 특권의식을 지니고 있습니다. 네덜란드에서 태어난 히딩크가 굳이 한국인으로 귀화할 이유가 있을까요? 이와 같이 한인 1세들은 스스로 한국인이라는 사실에 큰 자부심을 갖고 있습니다. 문제는 이러한 모습이 매우 이기적인 형태로 나타난다는 것입니다. 북미의 모든 사고와 문화 자체를 천박하게 여기는 사람들이 있습니다. 무조건 한국적인 것들만 옳고 귀하다고 생각하는 사람들이 있습니다. 1세들의 이런 잘못된 사고가 2세들에게 부정적인 영향을 미칩니다.

한국인들은 지나칠 정도로 '나와 다른 남'을 싫어합니다. 이것은 우리나라의 뿌리 깊은 민족주의에서 비롯된 결과입니다. 지난 반만년을 이어온 단일 민족이라는 역사는 한국인의 정체성 그 자체였습니다. 그래서 그런지 이민 사회와 이민 교회에서조차 지나친 민족주의적 사고가 팽배해 있습니다.

1세들이 2세들에게 한국적 사고만 옳다고 강요해서는 안 됩니다. 한국적 문화가 더 고귀하다고 말하거나 한국적인 신앙의 모습만을 추구할 수는 없습니다. 이런 편향된 교육은 오히려 2세들을 한인 교회로부터 몰아냅니다. 2세들의 바른 정체성 확립을 위해 한국인으로서의 자부심을 심어 줘야 하겠지만 그것은 강제적인 압력으로 성취될 수 없음을 기억해야 합니다.

7. 교회 조직의 구조적 한계와 지도력 발휘 부족

모든 국가나 기업, 그리고 개인에 이르기까지 성장과 발전을 위해서 얽혀 있는 수많은 관계가 존재합니다. 교회도 마찬가지입니다. 교회는 예수를 주로 고백하는 성도들이 모인 공동체이지만 결국 한 조직으로서 특수한 구조가 뒷받침되고 있습니다. 그래서 교회의 구조적 한계로 인하여 발생하는 문제점은 곧 모든 성도들에게 영향을 미치는 중대한 사안이 됩니다.

현재 대부분의 한인 교회들의 조직은 1세들에 의해 주도되고 있습니다. 그렇기 때문에 영어가 익숙한 2세들이 한인 교회의 중요한 결정 과정에서 제외될 때가 많습니다. 나는 목회자로서 다섯 교회를 거쳐 왔지만 단 한 교회에서도 공적인 회의 내용을 영어로 통역해 주는 것을 보지 못했습니다. 회의 결과를 정리해 놓은 자료들이 영어로 번역되는 것도 매우 드문 일입니다.

이민 교회는 한인 1세들의 눈높이에 맞춰져 있습니다. 1세들에게 익숙한 방법으로 운영되고 있습니다. 한인 2세들 가운데 많은 사람들이 이미 주류 사회에 진출하여 나름대로의 영향력을 발휘하고 있습니다. 그래서 2세들은 그들이 영향을 미칠 수 있는 교회를 개척하거나 그러한 교회를 찾아 나서게 되는 것입니다.

8. 1세와 2세가 느끼는 교회의 필요성 차이

1세와 2세들이 가지고 있는 교회의 필요성과 이해에는 확연한 차이가 있습니다. 그렇기 때문에 2세들이 한인 교회를 떠나는 일은 자연스러운 현상일 수 있습니다. 그들이 지향하는 목표와 부모 세대가 지향하는 목표가 완전히 다르기 때문입니다.

1세들의 교회의 필요성	2세들의 교회의 필요성
1. 영적 성장 2. 다른 한국인들과의 교제 장소(민족성) 3. 한국적 가치관과 문화의 보존, 특별히 자녀들을 위해 4. 사회적 인정과 지도력 지위를 얻기 위한 장소 5. 최근 이민자들의 필요 충족을 위한 장소 (직업, 상담)	1. 영적인 성장 2. 교제의 장소(한국인들에게만 국한되지 않은) 3. 자신들의 한국인 정체감을 찾기 위한 장소 4. 평등의 장소 5. 외국인을 데려올 수 있는 장소(복음 전파)

이민 교회 2세들이 가진 교회관은 1세들 것과는 근본적으로 다릅니다. 사실 이민 교회는 한국 교회보다 더 많은 교회 분열을 경험합니다. 그 이유는 1세 이민자들에게 있어서 교회의 존재가 그들 삶의 대부분이라고 할 만큼 크게 자리 잡고 있기 때문입니다. 한국에서는 기독교인이라고 하더라도 교회는 일주일에 한 차례 정도만 가는 장소입니다.

반면, 1세 이민자들에게 있어서 교회는 이민 생활에서 절대적으로 중심 역할을 하고 있습니다. 중앙일보, 중앙방송이 USC 아시아태평양리더십센터와 공동으로 실시한 재미 한인 전국 실태 결과에 따르면 한인들의 사회 활동은 교회를 중심으로 이뤄지고 있는 것으로 조사되었습니다. 2008년 10월 2일 미주중앙일보 기사에 의하면 재미 한인 전국 실태조사에서 응답자의 73%가 교회에 출석하는 것으로 집계되었습니다. 그리고 그 가운데 72%는 한인 교회를 출석한다고 답했고 대부분의 응답자 가운데 한인 교회를 다니는 사람은 1세 이민자였습니다. 이민자들에게 있어서 교회의 역할은 그들의 삶에 가장 지대하게 작용합니다. 현재 미국 소수 민족 중 개신교에 출석하는 사람이 대부분인 경우는 한인이 유일합니다.

과연 무엇 때문에 대다수의 이민 1세대들이 한인 교회에 출석할까요? 물론 영적으로 하나님과 깊이 교제하고 신앙 안에서 성장하기 위한 목적이 클 것입니다. 그러나 또 다른 이유가 분명하게 있습니다. 그것은 이민자들이 교회를 통해 사회적 필요를 충족시키기 때문입니다.

9. 이민자들이 교회를 통해 충족하고자 하는 사회적 필요

1) 먼저는 친밀한 교제입니다.

주중에 한 차례 이상 교회에 출석하여 한인들과 교류하고 친교하는 것에 목적을 둡니다. 각자 소속된 동창회나 친목회도 있지만 일주일에 한 번 이상 만나는 모임은 교회밖에 없습니다. 한인 1세들에게 있어서 교회는 유일한 친교의 공간입니다. 힘든 이민 생활을 하면서, 언어와 문화가 낯선 곳에서 한인들과 편안하게 만나 웃고 즐길 수 있는 곳이 바로 교회입니다. 그러한 이유 때문에 한국에서 교회를 다니지 않던 사람들도 이민 와서는 교회에 출석합니다.

2) 자녀들에게 한글과 한국적 문화를 교육시키기 위함입니다.

대다수의 한인 교회에서는 한글 학교 프로그램을 제공합니다. 구정, 추석, 8.15 광복절, 3.1절 등 한국적 절기와 기념일을 지킵니다. 이민 와서 자녀들에게 한글과 한국 문화를 교육하는데 교회만큼 적격인 곳이 없습니다.

3) 이민자를 위한 필요를 감당해 주는 곳이 한인 교회이기 때문입니다.

한인 교회는 친교의 공간을 넘어서 이민자의 필요를 충족해 주는 곳입니다. 이민 사회에서 이민 교회의 역할은 대단히 중요합니다. 교회는 초기 한인 이민 때부터 지금까지 줄곧 한인 사회의 정착에 기여하였습니다. 더욱이 초기 이민 사회에서는 "미국 이민 생활 10년이면 정신병자가 되어 버린다."는 말이 있을 정도로 이민 생활과 정착이 힘들었습니다. 이런 여건 속에서 이민 교회가 정신적으로, 경제적으로, 정보 교환 장소로써 많은 기여를 하였습니다.

나 역시도 지난 14년간 이민 교회를 섬기면서 성도들의 이민 사회 적응을 위해 일했던 것이 적지 않습니다. 성도의 자녀가 다니는 학교에서 학부모 간담회가 열리면 보호자 자격으로 참석하기도 하였습니다. 성도들의 은행구좌를 개설하는 일, 자동차를 구입하는 일, 보험에 가입하는 일 등 일일이 나열할 수 없을 정도로 1세들의 이민 정착에 필요한 일들을 도왔습니다. 이와 같이 이민 교회는 1세 이민자들의 현실적인 필요를 채워 주는 공간입니다. 이미 수년 전 이민 와서 북미에 잘 정착해 있는 이민자들에게 다양한 조언을 구할 수도 있고, 진로에 대한 상담을 받을 수도 있습니다. 1세대들에게 비춰지는 이민 교회는 가정 상담소, 자녀 상담소, 통역 서비스 센터, 직업 알선소 등 이민 정착에 꼭 필요한 곳입니다.

4) 한인 교회는 이민 사회에서 사회적 지위를 얻을 수 있는 공간이기 때문입니다.

이민 교회를 섬기다 보면 한국에서 대단한 지위와 명성을 누렸던 분들을 많이 만나게 됩니다. 그 가운데는 군대에서 장성급 지위를 가지고 있었던 분도 있었습니다. 정부에서 장관급 위치에 있었던 분도 있었습니다. 한국에서는 엄청난 부와 명예를 가지고 있었던 사람들도 많습니다. 그러나 그들이 미국에 오면 과거의 신분이나 직위가 무의미해집니다. 이민자들은 언어와 문화가 낯선 이국땅에서 과거에 누렸던 사회적 지위를 보상받지 못합니다. 그래서 사회에서 얻지 못하는 지위를 교회에서 얻으려고 하는 경향이 있습니다. 실질적으로 한인 교회 성도의 30%가 장로, 권사, 안수집사 등 중직자입니다. 그러다 보니 신앙적으로나 인격적으로 자질을 구비하고 있지 않은 교회 리더들을 통해서 이민 교회 내의 문제가 발생하는 경우가 종종 있습니다. 최근 미국의 한인일간지에서 종교부 기자로 활동하던 정숙희 씨가 『그들은 왜 교회를 떠났을까?』라는 책을 출판하여 북미에 있는 한인 교회들에게 적지 않은 파장을 일으킨 적이 있었습니다.[4] 이 책에서 저자는 현존하는 한인 교회들의 타락한 모습을 적나라하게 지적하고 있습니다. 특히 교회 내 직분자의 자세를 신랄하게 비판하였습니다. 한인 교회 내 직분자들은 교회의 직분을 사명감 없이 얻으려 합니다. 교회의 직분 자체가 마치 세상 사람들이 좋아하는 명예나 감투인양 착각하고 오해하고 있습니다. 또한 돈이나 세상 지위를 보고 그런 사람들에게 직분을 주는 목사들에게도 문제가 있습니다. 이민 교회가 이와 같은 양상을 띠는 이유는 교회를 찾는 한인 1세들의 목적과 동기가 올바르지 못하기 때문입니다.

❖ 교회를 오는 주된 이유들 (조사 대상 – 424명)[5]

이유	응답인	%
안정감, 공동체 제공	100명	23.6%
하나님을 예배하기 위해서	95명	22.4%
구원을 받기 위해서	81명	19.1%
설교를 듣기 위해서	60명	14.2%
종교적인 책임감 때문에	23명	5.4%
습관적으로	20명	4.7%
친구와 친척을 만나기 위해서	15명	3.5%
목회자가 따뜻하게 맞아주기에	9명	2.1%
기타	21명	5.1%
합계	424명	100%

위와 같은 조사를 통해 알 수 있는 것은 61.1%의 응답자가 종교적인 이유로 교회를 찾는다는 것입니다. 23.6%는 개인적인 안정감을 위해서 교회에 오고, 15.4%가 다른 기타 이유에서 교회에 출석한다는 것입니다. 당시 허원무, 김광청 교수가 알게 된

4) 이 책의 저자 정숙희 씨는 미국 LA로 이민 간 뒤 1984년부터 〈한국일보〉 미주 본사 기자로서 활동하였다. 그는 이 책을 통해서 한국 교회와 이민 교회의 갱신을 외치고 있다. 특별히 교회를 출석하는 바른 동기가 회복되어야 한다는 것을 주장한다.
5) Hurh, Won Moo, and Kwang Chung Kim, 『Korean Immigrants in America: A Structural Analysis of Ethnic Confinement and Adhesive Adaptation』 (Cranbury, NJ: Associated University Press 1984) p. 236.

것은 이민을 온 지 아무리 오래되었다 하더라도 대부분의 조사자들은 미국인들과 접촉을 하지 않는다는 것입니다. 한인들과의 접촉과 친분이 그들 삶의 전부였습니다. 그리고 한인들과 서로 접촉하는 장소는 교회인 것으로 나타났습니다.

이렇게 다양한 영적, 사회적 이유들로 인하여 대부분의 1세들은 교회 중심적인 이민 생활을 하고 있습니다. 특별히 한인 이민자들은 어느 아시아 민족보다도 교회를 통해 강한 민족성을 유지하고 있습니다.[6]

반면 2세들은 위에서 소개한 그런 다양한 이유들 때문에 교회를 찾는 것이 아닙니다. 이미 그들은 교회가 아닌 다른 곳에도 친밀한 교제를 나눌 수 있는 친구가 얼마든지 있습니다. 여러 계층의 사람들과 만나 대화를 나눌 수 있는 장이 마련되어 있습니다. 교회를 통하지 않고서도 사회적인 지위를 추구할 수 있습니다. 교회를 통해서 이민 생활의 실질적인 도움을 얻어야 하는 입장도 아닙니다. 한글과 한국 문화에 대한 관심은 가지고 있지만 1세들처럼 그들 자녀의 한글 교육과 한국 문화 교육을 위해서 교회에 나오는 일은 극히 드문 것입니다.

사실 2세들은 자의보다는 타의에 의해서 한인 교회에 발을 붙이게 됩니다. 어릴 적에는 부모의 의도와 강요로 인하여 교회에 오는 2세들이 대부분입니다. 그렇기 때문에 2세들이 성장한 뒤에는 한인 이민 교회가 과연 나의 교회인가 아닌가에 대한 깊은 고민을 하게 되는 것입니다. 2세들에게 있어서 한인 교회는 별로 매력을 느낄수 없는 공간입니다. 한인 교회가 사회적으로 큰 영향력을 미치는 것도 아니고, 게다가 잦은 분열과 다툼의 모습을 보여 주다 보니 한인 교회의 미래에 대한 회의를 갖게 됩니다. 그래서 그들 스스로 선택하고 결정할 수 있는 나이가 되면 부모의 영향권에 벗어나 한인 교회를 떠나기로 결심하는 것입니다.

---

6) "The Structural and Social Functions of Korean Immigrant Churches in the United States" (International Migration Review 1992) p. 1370–1394.

3

흥미로운 조사

미시간 주립대학의 다니엘 박(Daniel Park) 박사는 지난 2002년 호주에 거주하는 한인 2세들을 대상으로 흥미로운 조사를 했습니다. 무작위로 선정한 2세들에게 부모 세대에게 전하고 싶은 말을 써서 제출하라고 했더니 다음과 같은 말들이 나왔습니다.

They (1st) don't know anything about 2nd generation.
1세들은 2세들에 관하여 아는 게 하나도 없다.

Why ask? They can't change.
어차피 바뀔 수 없는 사람들, 물어볼 필요도 없다.

I hate them. I hate anything related to them.
난 그들을 증오해, 그들과 관계된 모든 것들을 말이야.

They need to listen more, and not command and demand.
무언가를 요구하거나 명령하기 이전에 먼저 듣는 법을 배워야 한다.

They need to stop being hypocrites.
이제 위선적인 모습은 그만.

They need to know that time is changing.
세대가 변화하고 있다는 것을 깨달아야 한다.

They need to stop buying bigger homes and better cars, they need to
buy bigger hearts and better minds.
큰 집과 좋은 차를 사는데 주력하지 말고 넓은 가슴과 큰 마음을 갖는데 노력해야 할 것이다.

They need to stop performing and start living.
누군가에게 보여 주기 위한 삶이 아니라 의미 있는 삶을 살아야 한다.

Don't tell us to live just like you.
우리들에게 당신들처럼 되라고 말하지 말라.

They need to stop cheating on their tax returns.
이제 탈세는 그만 좀 했으면 좋겠다.

They need to know that we love 1st generation and Korea.
우리들도 한국과 한인 1세들을 사랑한다는 것을 알았으면 좋겠다.

They need to know that we need their help.
우리들은 당신들의 도움이 필요한 존재들이란 것을 알았으면 좋겠다.

위에서 언급했듯이 2세들이 교회를 떠나는 이유에는 여러 가지가 있습니다. 그러나 다니엘 박(Daniel Park) 박사의 조사를 통해서 알 수 있는 또 다른 이유는 2세들이 가지고 있는 한인 1세에 대한 부정적인 모습 때문이라는 사실입니다. 2세들이 첫 번째로 손꼽는 1세의 부정적인 모습은 무례(Aggressive)하며 고집이 세고 앞뒤가 꽉 막힌 모습입니다. 그리고 또 한 가지는 그들의 위선적인 신앙생활입니다. 결국 1세는 몇몇 2세들의 눈에 위선적이고 독선적이며 고집이 세고 이해할 수 없는 신앙인들로 비춰진다고 해도 과언이 아닙니다.[7]

---

7) US 아멘넷뉴스, '2세가 살아야 한인 교회도 산다', 2007년 1월 24일 기사

4
부메랑 효과

'소리 없는 탈출(Silent Exodus)'의 현실 속에서 최근에는 한인 교회를 떠난 2세들이 수년 내에 다시금 한인 교회로 돌아올 것이라는 보고가 나오고 있습니다. 그러므로 '부메랑 효과'라고 불리는 이러한 패러다임을 이민 교회가 보다 구체적으로 연구해야 할 필요가 있습니다.

미국 일리노이 주에 위치한 트리니티 신학대학원의 피터 차 교수는 지난 2007년 9월 5일 미주뉴스앤조이와의 인터뷰에서 "최근 들어 워싱턴, 시카고, 뉴저지 등 중동부 지역의 몇몇 한인 교회에 매년 수십 명에서 수백 명에 이르는 2세들이 돌아오기 시작했다."고 말했습니다. 한인 교회로 돌아오는 2세들의 대부분은 30-40대로서 자녀를 둔 경우라고 합니다. 과거 주류 사회에 진출하면서 교회를 떠났거나 혹은 한인 교회가 싫어서 미국 주류 교회에 들어갔던 2세들이 10여 년이 지난 후에 스스로 한인 교회를 찾고 있다는 것은 매우 흥미로운 동향입니다.

차 교수는 인터뷰를 통해서 2세들이 한인 교회로 다시 돌아오는 데는 두 가지 큰 이유가 있다고 말했습니다.

첫 번째는 자녀 때문입니다. 한인 교회를 떠나갔던 2세들이 북미에 있는 주류 교회에서 쉽게 적응하지 못하는 것은 백인들이 주를 이루고 있는 교회에서 겪게 되는 이질감 때문이라고 할 수 있습니다. 특히 자녀를 키우면서 그러한 고충이 더 깊어집니다. 한인 2세 부모들은 백인 어린아이들에게 둘러 싸여 있는 자녀를 바라보면서 내 자녀가 소외당하지는 않을까 하는 염려를 하게 됩니다. 그러면서 내 자녀가 같은 피부색, 같은 문화의 배경을 가지고 있는 친구들을 만날 수 있기를 원합니다. 왜냐하면 그들 스스로가 한인 교회에서 성장하면서 교회 안에서 여러 한인 친구들을 사귀었었기 때문입니다.

두 번째는 부모들과 함께 살고 있는 2세들이 늘어나면서 온 가족이 함께 신앙생활을 할 수 있는 신앙의 공동체를 추구하기 때문입니다. 부모들과 같이 살면서 자녀의 가정만 미국 교회로 가게 된다면 부모님과 다른 교회를 섬겨야 하는 어려움이 생기기 때문입니다.

앞으로 한인 이민 교회가 주력해야 할 사역 중 하나는 부메랑 효과를 통해 교회로 돌아오는 2세들을 맞을 준비를 하는 것입니다. 그들을 맞이하고 양육해 줄 만한 교회를 준비하고 대비하는 것이 한인 교회 2세 사역의 성공을 가늠할 것입니다. 우리는 현존하는 이민 교회의 상황을 살펴보고 미래의 대안적인 모델을 구상해야 합니다.

2부

2세들의 소리 없는 탈출(Silent Exodus)을 방지하기 위한 아홉 가지 대안들

이민교회가 겪는 2세 교육의 문제점들을 파악하였다면 이제 그 대안을 마련할 수 있어야 합니다. 2부에서는 이민교회 2세를 위한 보다 효과적이고 바람직한 교육의 모습이 무엇인지에 대한 구체적인 제안을 담고 있습니다.

1세와 2세의 문화적 차이를 인식하고
환경에 맞는 교육의 정책과 방향을 제시하라

2세 교회를 세우고 그들의 교육 정책과 방향을 논하기에 앞서서 한국과 북미의 문화적 차이와 상충되는 요소들을 이해하는 것이 효과적인 2세 교육 모델을 제시하는데 있어서 불가피합니다.

단적인 예로 한인 교회들 중에 한국에서 출판된 성경 공부 교재를 사용하는 교회들이 많이 있습니다. 얼마 전 모 출판사에서 출판된 초등부 성경 공부 교재를 보던 중 '국군 장병에게 위문편지 쓰기'라는 내용이 있어서 이 내용을 이민 교회에 어떻게 적용할 것인가를 고민하며 고개를 갸우뚱한 적이 있었습니다.

북미에서 출판된 성경 공부 교재라고 해도 문화적 차이를 경험합니다. 특히 이민 가정과 동떨어진 예화가 자주 등장합니다. 중상층 백인들을 대상으로 만들어진 한 성경 공부 교재에 다음과 같은 질문이 있었습니다.

"만일 당신이 부모님과 함께 이번 여름에 플로리다로 크루즈 여행을 갔다고 가정하라. 크루즈 여행 중 크루즈 선이 난파되었는데 구명보트에는 단 한 사람만이 올라탈 수 있는 상황이다. 누구를 제일 먼저 살릴 것인가? 그리고 그 이유는 무엇인가?"

이민 생활 하면서 크루즈 여행을 다녀온 가정이 얼마나 되겠습니까? 이러한 질문이 교재 서두에 나오면 학생들에게 반감을 살 수 있습니다. 이렇듯 문화와 관습의 차이를 확실하고 명확하게 이해해야만 효과적인 교회교육을 감당할 수 있습니다.

1. 한국 문화와 미국 문화의 차이점

그렇다면 한국과 미국 문화의 구체적인 차이점은 무엇입니까?

1) 상호 관계 중심 vs. 개인 중심

현재 우리는 자본주의 체제에서 살고 있습니다. 개개인이 자신들의 이익을 극대화하면 자연적으로 사회적 이익도 극대화된다는 것이 자본주의 체제의 기본 이념입니다. 이런 개인주의는 현대 사회에 매우 중요한 사상이 되었지만 그럼에도 불구하고 집단을 개인보다 우선시 하는 집단주의 사상이 한국인들에게는 더 익숙합니다. 보통 집단을 우선하는 사회적 성격은 우리나라를 포함한 동양 문화권의 국가에서 나타나며 미국과 같은 서양 문화권의 국가에서는 반대되는 성격으로 이해가 됩니다.

한국에서는 개인의 정체감을 그 개인이 속한 집단과 결부시킵니다. 사회생활에 있어서 내가 어느 대학 출신인지, 몇 기인지, 어디 부대에 속했었는지가 중요합니다. 개인적으로 열심히 노력하여 성취한 일이라 할지라도 그가 소속된 집단의 이름만이 드러나는 경우가 많습니다. 이민을 가서 제일 처음 교회를 찾는 이유도 여기에 있습니다. '나'라는 한 개인이 소수민족으로 혼자 존재하기보다 특정 집단에 속할 때 더 큰 안정감을 얻기 때문입니다.

하지만 미국은 철저히 개인 중심의 문화입니다. 내가 어디 속해 있느냐 보다는 나의 위치가 무엇인지가 중요합니다. 내가 할 줄 아는 일이 무엇인지가 더 중요합니다. 북미에서는 타인과 비교하는 일이 많지 않으며 개인의 독자적인 능력만이 인정됩니다.

개인주의 문화에서는 자신과 다른 사람과의 구별이 명확합니다. 다른 사람으로부터 독립적이며 독특한 특성을 표출하여야 한다는 의무감도 있습니다. 학교에서도 독자적인 능력을 키우는 교육에 주력합니다. 반면 집단주의 문화에서는 자신과 다른 사람간의 차이점이 적고, 다른 집단의 구성원과의 유사성을 강조하며, 그들 자신을 관계 지향적으로 인식하고 있습니다.

개인중심의 북미세계관은 지위나 인간관계에 따른 책임과 의무보다도 각 개인의 권리가 더 중요하다고 여깁니다. 다시 말해, 개인의 자유에 대한 권리, 사생활의 보장, 재산에 대한 권리 등이 한층 강조되는 것입니다. 이러한 권리는 타인에 의하여 침해될 수 없으며 또한 타인의 권리를 침해하는 일은 좋지 못한 것으로 받아들여집니다. 의사를 결정하는 과정에 있어서도 타인에 의한 결정보다는 자기 스스로 결정하는 것을 더 중요하게 생각합니다.

개인주의 문화의 자기 중심성향이 강한 사람들은 집단 규범을 쉽게 인정하지 않으며, 그 규범에 대한 판단을 스스로 내린 후에 행동을 하게 됩니다. 반면에 집단주의 문화에서의 개인은 스스로 속해 있는 다양한 집단을 갖고 있으며, 이들 집단의 영향을 받고 그 규범에 따라서 움직이는 것이 익숙합니다.

유교 사상에 바탕을 둔 한국인들에게 집단주의 성향이 강하게 나타나는 것은 자연스러운 것입니다. 계층 의식, 가족 단위 의식 또는 합리적 사리(事理)를 통한 분석보다는 인간관계 중심, 권위에 복종, 체면과 외형의 중시, 그리고 미래보다 과거 및 현세중심의 성향 등을 들 수 있습니다. 또한 '우리'라는 말을 많이 사용합니다. 북미에서는 어느 초등학교, 어느 중학교, 어느 고등학교를 졸업했느냐가 그다지 중요하지 않습니다. 북미에서는 그런 것에 대해 관심을 갖는 사람들이 거의 없습니다. 간혹 명문 대학교 출신들 가운데 자부심을 갖는 경우가 있기는 하지만 동기 동창이라는 개념 자체가 없습니다. 나도 북미에서 고등학교, 대학교, 대학원을 졸업했지만 내가 졸업한 학교의 동문회는 없습니다. 그런데 놀라운 것은 북미에서 같은 학교를 졸업했더라도 한인 1세는 별도의 동문회를 조직하고 운영합니다. 이것이 바로 집단문화와 개인문화의 확연한 성향 차이라 할 수 있습니다.

2) 수직적 관계 vs. 수평적 관계

한국 사회에서 가장 중요시하는 부분은 나이와 계급입니다. 일단 나이가 어린 사람에게는 반말을 해도 예의에 크게 어긋나지 않습니다. 또한 언어적으로도 존칭어, 높임말 등 윗사람을 대할 때와 아랫사람을 대할 때가 확연하게 구분됩니다. 반면에 미국에서는 '유(you)'라는 말 하나로 누구든지 편안하게 부를 수가 있습니다. 영어에는 존댓말이라는 것이 사실상 없습니다. 또한 한국 사회에서는 신분적인 요소가 매우 중요합니다. 직장에서도 상사가 부하 직원을 함부로 대하는 것이 별로 무례한 일이 아닙니다. 그러나 북미에서는 아무리 높은 직위의 상사라고 하더라도 부하 직원에게 윽박지르는 경우가 거의 없습니다.

얼마 전 한 성도와 대화하면서 한국의 수평 관계와 북미의 수직 관계 간의 큰 차이에 대해서 생각해 볼 계기가 있었습니다. 이 분에게는 며느리가 둘 있습니다. 한 사람은 미국에서 태어나 자랐고 한 사람은 한국에서 성장하였습니다. 집안 살림을 할 때 두 며느리의 문화적 차이가 여실히 드러난다고 합니다. 북미에서 자란 며느리는 시어머니가 설거지를 해도 자기가 먹었던 그릇이 아니면 상관하지 않는다고 합니다. 반면에 한국에서 성장한 며느리는 시어머니가 집안 살림을 하면 안절부절 못 하며 그냥 앉아 계시도록 종용한다는 것입니다. 이런 일들은 다른 문화, 다른 언어, 다른 사고가 공존하는 곳에서는 어디에서나 쉽게 경험할 수 있습니다.

지난 2006년 5월 21-30일에 한국의 청년여성문화원에서는 서울 경기 지역 20-70대 여성 419명을 대상으로 '새로운 여성 관계로서의 고부 관계'라는 주제의 설문 조사가 진행되었습니다. 서로의 관계를 묻는 질문에서 시어머니들은 결혼 전 며느리와 '딸과 같은 관계(39.8%)', '마음을 터놓는 친구(19.4%)'순으로 답했습니다. 하지만 결혼 후에는 20.4%만이 여전히 '딸과 같은 관계'라고 말해 큰 차이를 보였으며, '예의를 갖춘 타인관계(19.4%)'라는 답이 그 뒤를 이었습니다. 반면에 며느리들은 결혼 전(32.6%)과 결혼 후(34.5%) 모두 시어머니와 '예의를 갖춘 타인 관계'라고 답했습니다. 한편 갈등이 발생했을 때 시어머니는 며느리에게 자신의 심정을 이야기(46.6%)하거나 혼자 속으로 참는 경우(28.2%)가 많았습니다. 그러나 며느리는 혼자 속으로 참거나(28.4%), 배우자(23.4%), 친구(23%)에게 이야기하는 것을 더 선호하는 것으로 나타났습니다. 갈등의 원인에 대해서는 시어머니(44.7%)와 며느리(54.4%) 모두 '세대 가치관의 차이'라고 답했지만, 시어머니는 '며느리가 기대에 못 미침(14.6%)', '애정, 공경심 부족(11.7%)'을, 며느리는 '경제적 문제(14.2%)'를 갈등의 또 다른 이유로 꼽았습니다. 이 통계를 보면 시어머니들이 '딸과 같은 관계'라고 말하면서도 갈등의 원인으로 '기대에 못 미침', '공경심 부족' 등을 꼽는 것은 시어머니들이 며느리를 수직적인 관계에서 이해하는 결과라고 할 수 있습니다.[8]

북미의 1세 담임 목사들도 그들 스스로가 1세 부교역자와 2세 부교역자를 다르게 대합니다. 또한 그들에게 거는 기대도 다릅니다. 내가 섬겼던 한 교회에서는 1년에 수차례 특별 새벽 기도회를 가졌습니다. 그리고 특별 새벽 기도회 기간에는 모든 전임 사역자들이 참석해야만 했습니다. 그러나 몇몇 2세 사역자들이 이에 대하여 강한 불만을 토로했습니다. 담임 목사를 설득시키지 못하자 결국은 사직서를 제출하는 소동이 일어났습니다. 그 일로 인해 2세 사역자들은 더 이상 새벽 기도에 참석하지 않게 되었습니다. 한국적 사고를 가지고는 도저히 이해할 수 없는 일입니다.

---

8) http://blog.naver.com/kwgs21/100025483851 internet accessed 4/2/2009

담임 목사가 새벽 기도회를 참석하라고 명령하면 무조건 따르는 것이 한국적인 미덕입니다. 그에 대한 반론을 제기하는 것은 불가능합니다. 하지만 수평적 문화에 익숙한 2세 사역자들은 "담임 목사가 지시하였기에 반드시 따라야 한다."는 사고 자체를 거부합니다.

3) 눈치 전달 vs. 말에 의한 전달

한양대학교 최래옥 교수가 쓴 책 가운데 『눈치 빠른 놈은 절에 가서도 새우젓 얻어먹는다』가 있습니다. 책의 내용도 재미있지만 책의 제목이 너무 익살스러워 한참을 웃었던 기억이 납니다. 절에서는 육식을 철저히 금할 뿐 아니라 생선이든 곤충이든 목숨이 있는 모든 것을 죽이거나 먹으면 안 됩니다. 그럼에도 불구하고 눈치가 빠른 놈은 절에서도 새우젓을 먹을 수 있다는 말이 있을 정도니 한국 문화가 바로 눈치 문화라는 사실을 반영해 주는 실례가 아닐까 싶습니다.

"오랫동안 남의 눈치를 보면서 사는 데 익숙해져 있는 사람들은, 남의 생각을 직접 묻는 것을 매우 부담스러워한다. 궁금한 것이 있어도 상대방이 귀찮아할까 봐, 무능한 사람으로 찍힐까 봐 묻는 일을 주저하게 된다. 반면에 눈치 빠른 사람은 똑똑한 사람이라고 인정을 받는다. 이것은 아마도 조선시대부터 젊은 사람들이 어른 앞에서, 여자가 남자 앞에서, 며느리가 시어머니 앞에서 하고 싶은 이야기를 하는 것을 금기시하고, 알아서 눈치껏 처신해 온 관습 때문이 아닌가 한다. 솔직하게 묻고 대답하는 대신 자기를 드러내지 않아야 예의 바르고 인격을 갖춘 사람으로 높은 평가를 받았다. 때로 그것은 생존 방식이기도 했다."[9]

한국에서 직장 생활을 하려면 상사가 출근하기 전에 출근하고, 상사가 퇴근한 뒤에 퇴근해야 한다는 것이 기정사실처럼 되어 있습니다. 매사에 상사가 지시를 해야만 업무를 처리하는 것이 아니라 눈치껏 돌아가는 상황을 파악해서 자기 몫을 감

---

9) 고경봉 저, 『세상의 온갖 스트레스로부터 나를 지키는 법』, (서울: 한언출판사, 1999), p. 296.

당해야 하는 것이 한국 사회입니다. 반면에 미국에서는 말에 의한 전달, 즉 'Verbal Communication'을 중요하게 여깁니다.

지난 2002년부터 한국에서 비롯된 월드컵의 인기로 말미암아 늘 농구만 해 오던 교회 학생들이 교회 주차장에서 나무를 골대 삼아 축구하는 광경을 자주 목격할 수 있었습니다. 그날도 여느 날처럼 학생들이 열심히 축구를 하고 있었습니다. 그러던 중 교회 한 성도가 친교 시간에 쓸 음식을 차에서 꺼내 운반하고 있었습니다. 열심히 축구하고 있던 학생들은 거기에 신경 쓸 겨를도 없었지만 가만히 경기를 지켜보고 있었던 여러 학생들의 시선이 그 성도에게로 옮겨졌습니다. 그 가운데 한국에서 가장 최근 이민 온 학생이 벌떡 일어나 짐을 들어 주는 것입니다. 그 성도는 도와주는 학생을 격려해 주면서도 앉아 있는 학생들에게 '싸가지 없는 녀석들!'이라며 야단을 쳐서 2세 학생들이 심하게 상처받았던 적이 있었습니다.

북미에서는 '눈치'라는 말이 없습니다. 북미에서는 구두전달이 가장 효과적입니다. 내가 도움이 필요하다면 "저를 조금 도와주시겠어요?" (Would you do me a favor?)라고 물을 것이고, 내가 도움을 주어야 할 때는 "뭘 도와드릴까요?" (Do you need any help?)라고 묻습니다.

4) 위계에 따른 존중과 권위에 순종 vs. 자신의 권리 주장

한국에서 16세까지 자라오면서 수도 없이 들었던 말은 "어른이 말하는데 어디서 말대꾸야?" 입니다. 일단 어른이 말씀하시면 대꾸하지 말아야 한다는 기본적인 사고가 내포된 이야기입니다. 반면 미국 문화는 어른이든 아이든 예외 없이 개인의 의견과 권리를 자유롭게 주장할 수 있습니다.

몇 년 전 어느 교회에 교육 목사로 부임했을 때의 일입니다. 부임하고 보니 저보다 오랫동안 목회하신 분들이 많았습니다. 목사도 늦게 되고, 교회도 늦게 부임했는데 교육부를 총괄하는 입장이 되자 사역자 사이에 적지 않은 불만이 있었습니다. 교육부 구석구석을 돌아보면서 새롭게 변화되어야 할 요소들에 대해 고민하였습니다. 그리고 부서의 발전을 위해서 불가피하다고 생각한 몇 가지 사항을 교육부 모든 사역자들에게 요청하였습니다. 회의가 끝난 뒤 2세 전도사 한 분이 내 방에 찾아왔습니다. 그리고는 이런 말을 했습니다. "You gotta get to know me first before you ask me to do something!" (당신이 나에 대해서 뭘 알아? 나한테 이것저것 시키기 전에 나를 먼저 이해해야지?) 물론 모든 2세 사역자가 권위에 불순종하지는 않습니다. 그러나 분명한 것은 북미 환경 속에서 자란 2세들은 상대가 누구이든지를 막론하고 자기 의견을 매우 직선적으로 자유롭게 전달한다는 사실입니다.

그래서 미국에서는 "상관이 이야기하는데 왜 대꾸하느냐"는 말 자체를 상상할 수 없습니다. 심지어 대학교 총장이든 교수든 학생들과 더불어 식사할 때 함께 줄서서 자기 차례를 기다려야 합니다. 오륜의 하나인 장유유서(長幼有序), '어른과 아이 사이에는 질서가 있다'는 말이 한국에서는 중요한 예절의 덕목이지만 미국에서는 적용할 수 없는 관습임이 분명합니다.

❖ **한국 문화와 미국 문화간의 차이 (Dr. Yong Pai 연구자료)**[10]

대인 관계

미국 문화	한국 문화
동등한 관계(수평)	상하 관계(수직)
모든 것이 동등한 위치에서 시작	상대방을 상하 관계로 파악함
비형식적인 상호 관계가 이루어짐	형식을 갖춘 상호 관계가 이루어짐
대화와 행동에 대한 제약이 별로 없음	언어와 행위의 법칙이 매우 복잡함

가치관

미국 문화	한국 문화
개인 권리 중심	책임과 의무 중심

---

10) www.aacconsulting.com/Korean/Seminar/CulturalDifference.ppt internet accessed April 2, 2009.

| 개인의 권리가 우선된다. | 상하 위치의 차이에 따른 책임과 의무를 강조한다. |
| 개인의 결정을 존중한다. | 적절한 기능 수행을 강조한다. |

태도

미국 문화	한국 문화
자기 주장 및 자신의 표현이 중요	권위 존중과 순종을 강요
개인의 권리를 절대 주장함	복종을 강요당함
개인의 생각과 감정표현이 자유로움	할당한 임무에 순응하여야 함

주체의식

미국 문화	한국 문화
개인 능력과 성취	집단 내의 개인의 지위
개인 능력, 성취, 성공이 중요함	가족 단위, 교회, 회사 등 집단의 성취가 중요함
개인의 특이한 자질을 개발하는 분위기	집단의 기대에 어긋나지 않는 자기 계발만 허용
자주활동으로 개인의 성공을 도모함	집단의 성공과 유익이 최우선됨

사회활동

미국 문화	한국 문화
적극적 참여	관찰과 계승
참여를 통하여 결정에 동참함	보고, 듣고, 행함
생각과 감정을 자유롭게 교환함	명령 및 요구로써의 대화가 이루어짐

사고방식

미국 문화	한국 문화
분석적, 체계적	전체적, 인상적
인식적 문제와 감정적인 문제를 구별하고, 객관적 문제와 주관적 문제를 구별함	인식적, 감정적, 그리고 객관적, 주관적 의식이 혼합되어 있음
순차식 대화 교환	자연적 또는 동시적 대화 교환
자유로운 사고와 교육 방식	형식화된 교육 방식

❖ 도표: 정체성과 문화인식의 세대별 비교표[11]

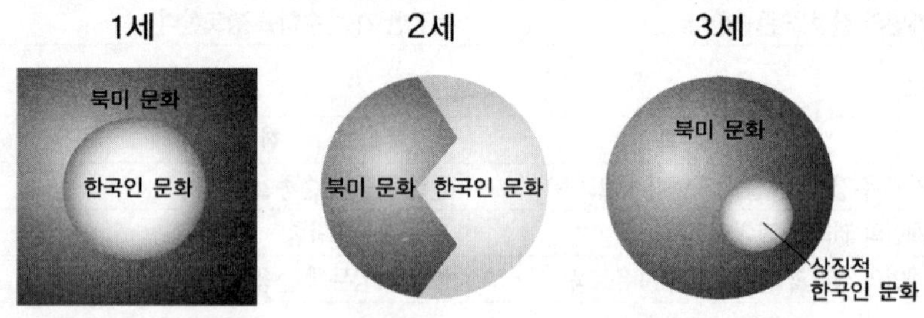

폴 히버트는 "문화는 후천적으로 습득한 그 사회의 특징적 행태와 사고 및 그 생산품의 유형의 총체적 체계이다"라고 말했습니다. 문화는 결국 하나님의 형상을 입어 지어진 인간이 만들었기 때문에 좋은 점도 있으나, 타락한 인간의 창조물이기 때문에 나쁜 점도 있습니다. 더구나 그 사람이 자라온 환경이나 상황에 따라서 매우 다른 문화를 소유하게 된다는 점도 있습니다.

2. 교황과 구두수선 영감의 문답[12]

옛날에 줄리안이라는 교황이 있었는데 이 교황은 유태인을 매우 싫어하여 바티칸에서 이들을 몰아낼 궁리를 하였다고 합니다. 오랜 생각 끝에 교황 자신이 유태인 대표와 신학 토론을 하여 교황이 지면 유태인들이 바티칸에서 계속해서 살 수 있고, 교황이 이기면 모든 유태인은 바티칸에서 떠나야 한다고 선언하였습니다. 토론의 결과는 너무나 자명한 것이어서 이 소식을 전해들은 유태인들은 교황과 신학 토론을

---

11) 송민호, 자녀신앙교육세미나, (Toronto: 2000), p.9. 이 내용은 지난 2000년 토론토 영락교회에서 개최한 송민호 목사의 목회강의 가운데 배부된 유인물에서 참조한 것이다.
12) 이 이야기는 지난 1999년 7월 23-24일 미국, 뉴욕에서 진행된 '한인이민가족의 세대갈등 워크숍' 가운데 배영 교수(캔사스 미주리대학 교육학과 명예교수)가 발표한 '문화적 차이에서 오는 부모와 자녀 사이의 갈등'에서 나눈 것이다.

할 대표를 뽑기 위하여 고심하였으나 아무도 선뜻 나서지 않았습니다. 막상 토론할 날이 되었는데 한 구두수선 노인이 "이러나저러나 쫓겨날 바에 교황이나 한 번 만나서 토론을 해 보자."라며 나섰습니다.

교황과 구두수선 영감이 자리를 같이하여 신학문답을 시작하였습니다. 그러나 구두수선 영감은 히브리어밖에 하지 못했기 때문에 교황과 말로는 토론을 할 수가 없었습니다. 그래서 두 사람은 손짓으로 토론을 하였습니다. 교황은 먼저 팔을 뻗쳐 하늘을 가리켰습니다. 그 다음에 교황이 다시 손가락 셋을 펴 보였습니다. 그랬더니 영감은 손가락 하나를 펴 보였습니다. 마지막으로 교황이 포도주와 빵을 먹으니까 영감은 주머니에서 사과 하나를 꺼내 먹었습니다. 그 결과 교황은 기뻐하면서 이렇게 훌륭한 신학문답을 할 수 있는 민족이라면 바티칸에서 영원히 살아도 좋다고 허락하였습니다. 그런데 어떻게 해서 이렇게 되었을까요?

구두수선 영감이 떠난 뒤에 보좌관들이 교황에게 어떠한 내용의 토론인지를 물었습니다. 교황의 답인즉슨,

내가 "하나님은 하늘에 계시다."하였더니 "사람은 땅에 있습니다."하여 내가 다시 '삼위일체'를 얘기를 했더니 영감이 "하나님은 오로지 한 분이십니다."하더군, 내가 다시 예수의 피와 살의 상징인 포도주와 빵을 먹었더니 그 영감이 원죄의 상징인 사과를 먹더라는 것입니다.

동네 사람들은 구두수선 영감의 덕분에 바티칸에 머물게 된 것을 기뻐하며 어떻게 해서 무식한 영감이 교황과의 신학 토론에서 이겼는지 궁금해 하였습니다. 영감의 답은 너무나 의외였습니다.

교황이 "모두 다 나가시오."하기에 내가 "우리는 남겠소."했더니, 다시 교황이 "사흘만에 나가라."고 하기에 "한 사람도 못 나가겠다."고 했지요. 그랬더니 다시 교황이 점심을 먹기에 나는 가져간 사과 한 개가 있어 그것을 먹었을 뿐이오.

이 이야기에서 우리는 교황이 생각한 것과 구두수선 영감이 생각한 것은 서로

너무나 다른 입장인 것을 볼 수 있습니다. 즉 두 사람은 각기 자기의 입장에서 상대방이 행동을 해석한 것입니다. 이와 같이 1세와 2세들도 서로 자기의 입장에서 상대방을 이해하고 판단하기가 쉽습니다. 1세는 한국적 문화의 관점에서 2세를 보려 하고 2세들은 미국적 문화의 관점에서 1세를 대하기 때문입니다.

2세들의 소리 없는 탈출(Silent Exodus)을 방지하기 위해서는 한국과 북미가 가진 다양한 문화의 차이를 이해하여야 합니다. 아울러 서로의 차이를 극복해야 합니다. 그리고 그리스도의 사랑으로 서로 용납하는 공동체가 이루어져야 합니다. 이민교회는 단순히 한국 민족을 위한 모임과 친목의 공간이 아닙니다. 타문화의 가치관이 존중되고 인정되며, 범민족적으로 하나님께서 주신 비전과 사명을 함께 공유하는 공동체입니다. 그러기 위해서는 먼저 한국적 가치관 가운데 긍정적인 요소들을 지속적으로 공유하고 나누어야 합니다. 더 나아가 부정적인 한국 문화와 가치관들을 탈피하고 타민족사회를 통해 좋은 점들을 취하고 개발하여야 할 것입니다.

3. 이민의 물결

한국인들이 미국으로 오기 위해서 약 세 차례의 이민 물결이 있었습니다. 첫 번째는 1903년 단발을 하고 상투를 틀고서 하와이에서 사탕수수 재배를 통해 돈을 벌고 고향 땅으로 귀국하기 위해 들어온 한인들입니다. 1903년 한 해 동안 모두 16차례의 선편에 1,133명이 왔고, 1904년에는 33차례의 선편에 3,434명, 그리고 1905년 7월 초까지 16차례의 선편에 2,659명이 도착하여 모두 7,000명이 넘는 '이름 없는 선구자'들이 태평양을 건너서 미국 땅 하와이에 들어왔습니다. 두 번째 미국 이민의 물결은 한국 전쟁 이후부터 시작되었습니다. 1950년 한국 전쟁을 통해 미국이 한국 전쟁에 참전하면서 미국 군인이 한국 여자와 국제 결혼하는 사례가 생기기 시작했습니다. 국제 결혼한 한국 여자들은 대부분 학력이 낮았고 가정환경이 어려운 미군부대 주변에서 일하는 사람들이 많았습니다. 일부는 고등교육을 받아 미군부대에서 정식 직원으로 근무하다가 미군과 결혼하기도 했습니다. 이에 대해 미국은 'War Brides Act of 1946' (1946년 전쟁 신부법)을 적용하여 미군과 결혼한 한국 부인들이 미국 시민권을 받아 미국으로 이주할 수 있는 계기를 마련해 줍니다. 이렇게 이민 오는 한인 여성들이 해마다 증가해 1956년에는 500명에 달했고, 1958년에는 1,000여 명 등 약 5만 명에 이르게 됩니다. 그리고 세 번째로 1965년 발효된 '하트—셀러법'이라는 새로운 이민법을 통해서 한국에서 최대 연간 2만 명 이상이 미국으로 이민을 갈 수 있는 길이 열렸습니다.[13]

현재 미국에서 태어나고 자란 대부분의 2세 성인들은 1960년대 미국 이민법이 개정되면서 세 번째 이민물결을 타고 미국으로 들어온 한인 이민자들의 자녀입니다. 이것은 미국에서 태어난 한인 2세 중 나이가 가장 많은 계층이 40대라는 이야기입니다. 북미에서는 이 계층을 '베이비 버스터(Babybuster)' 혹은 'X세대(Generation X)'라는 개념을 통해 구분합니다. 소위 제 2차 세계 대전 후의 세대를 가리켜서 '베이비 부머(Babyboomer)'라고 합니다. 부머세대는 2차 대전에서 돌아온 군인들이 자녀를 '대량'으로 낳는 붐 속에서 태어났다고 해서 붙여진 이름입니다. 보통 부머세대는 1945년에서 1966년 사이에 태어난 7천 2백만 명의 미국인들을 가리킵니다. 그리고 2차 대전 이후 인구성장이 떨어지기 시작한 1965년부터 1980년 사이에 태어난 미국 내 약 4천 6백만 명을 가리켜 '베이비 버스터(Babybuster)' 또는 'X세대(Generation X)'라고 규정합니다. 그래서 한인 2세 성인들을 구체적으로 이해하기 위해서는 북미에서 1965년부터 1980년 사이에 태어나 자란 'X세대' 또는 버스터 세대의 문화를 인식하여야만 하는 것입니다.

---

13) http://blog.empas.com/mieunkim/32152480 internet accessed 2/20/2009

4. 버스터 세대의 문화

1) 버스터 세대가 살아가는 환경의 특징은 무엇입니까?

① 포스트모더니즘 시대

버스터 세대가 살아가는 시대를 '포스트모더니즘 시대'라고 합니다. 포스트모더니즘 시대의 가장 현저한 특징 중 하나는 절대적 진리란 존재하지 않는다는 것입니다. 인류는 20세기 초반, 두 차례의 세계 대전을 겪기 이전까지만 해도 형식적으로나마 신의 존재를 인정하였지만 이성과 과학의 발전에 더 큰 기대를 가지고 있었습니다. 그러나 두 번의 세계사적 참상을 경험한 이후 인류는 이성과 과학에 대한 불신과 더불어 초월적 존재자의 능력과 의지에 대해서도 의문을 품기 시작한 것입니다. 적어도 포스트모더니즘 이전의 모더니즘 시대에는 이성주의 사고의 파급에도 불구하고 초월성과 객관성이라는 신의 특성은 유지되었지만 포스트모더니즘 시대에는 절대적 신에 관한 논의 자체가 불신의 대상이 되고 말았습니다.

이 시대를 사는 사람들은 상대적 가치관 속에서 '너는 너, 나는 나'의 사고에 지배를 받습니다. 포스트모더니즘의 문화 속에서 사는 사람들이라고 해서 무조건 기독교 신앙 자체를 배척하거나 거부하지는 않습니다. 하지만 기독교 신앙이 유일한 진리라고 말하는 것은 철저하게 부인합니다. 구원에 이르는 길이 예수님 한 분이라는 이야기에 대해서는 납득을 못 할 뿐 아니라 그런 배타적 교리에 대해서 강한 부정을 합니다.

② 다민족적 사고

버스터 세대들은 특정한 민족이나 문화가 상대적으로 타민족과 문화에 비해서 우월하다는 것을 거부합니다. 이제 미국에서도 과거에 추구했던 멜팅팟 사고를 요

구할 수 없게 되었습니다.[14]

지난 2007년 4월 16일 버지니아 주 블랙스버그에 소재한 버지니아 공대에서 한국인 조승희(23세)가 대학 기숙사에서 2명을 사살하고 2시간 후 강의실에서 총기를 난사하여 30명을 사살하고 29명에게 중경상을 입힌 후 자살하였습니다. 사건이 발생한 뒤 범인이 중국계 미국인이라는 발표가 나와서 많은 한인들이 가슴을 쓸어내렸습니다. 그러나 이후에 범인은 1984년 1월 18일생 한국 국적의 영주권 소지자 조승희라고 밝혀진 뒤에 한인들이 얼마나 큰 불안에 떨어야 했는지 모릅니다. LA에서는 혹시나 두 번째 흑인 폭동 사건이 일어나지는 않을까 염려하였습니다. 그러던 중 한국 대학의 한 교수가 '이 일은 국가적으로 나서서 사과해야 한다.'는 의견을 제시하여 큰 논란을 빚은 적이 있습니다. 나는 개인적으로 미국이라는 나라가 이 사건에 대해 어떻게 반응하는지 큰 관심을 가지고 지켜보았습니다. 놀랍게도 미국과 미국인들은 버지니아 공대 총기사고를 그들 모두의 탓으로 돌리며 함께 책임지는 모습을 보였습니다. 이러한 결과는 미국이 '인종 극단주의'로 나가지 않게 하기 위하여 다양한 목소리들이 방향성을 제시하였기 때문입니다. 2세들은 다양한 민족들이 어우러져 살면서, 다양한 목소리와 의견을 피력하는 다민족적 시대에 살고 있습니다.

③ 인스턴트 시대

얼마 전 신문에서 '헐리우드 스타의 인스턴트 결혼'이라는 제목의 기사를 보았습니다. "도대체 인스턴트 결혼이란 무슨 말일까?" 궁금하여 기사를 읽어보니 헐리우드 스타들 가운데 대부분이 짧은 인스턴트 사랑을 한다는 내용이었습니다. 심지어 결혼 서류에 잉크가 마르기도 전에 파경을 맞는 경우가 허다하다고 꼬집었습니다. 브리트니 스피어스라는 가수는 결혼한지 55시간 만에 이혼 신청서를 제출했다고 합

---

14) 멜팅팟이란 인종 문화 등 여러 요소가 하나로 융합하고 동화되는 현상이나 장소를 말한다. 미국이 과거 수십 년간 의도적으로 펼친 정책이다. 일단 미국에 이민 오면 개개인이 가지고 있는 문화와 언어를 말살하고 미국인으로서 영어를 익히며 미국 문화권 속에 완전히 들어와야 한다는 의미이다. 멜팅팟의 또 다른 말은 '인종의 용광로'이다.

니다. 이렇듯 포스트모더니즘 시대는 곧 인스턴트 시대입니다. 인터넷에 접속하여 클릭 하나로 세계의 모든 정보를 들여다 볼 수 있는 무엇이든지 '빨리 빨리'를 추구하는 문화입니다. 그만큼 사람들은 인내심이 없어지고 있습니다.

④ 선택의 시대

음식 하나를 먹어도 즐비하게 진열된 멕시컨식, 인디안식, 일식, 한식, 중식 가운데서 선택이 가능합니다. 소비자 중심의 각종 쇼핑 문화를 통해 무엇이든지 선택이 가능하게 되었습니다. 텔레비전도 이제는 수백 개의 채널이 있습니다. 절대적 가치관 상실에서 오는 각종 윤리적인 선택도 가능합니다.

⑤ 몰락하는 도덕관

요즘 세대에서는 이상적인 도덕관이 아닌 실용주위 (pragmatism) 도덕관이 앞서고 있습니다. 자신의 행복만이 모든 결정의 척도가 되기에 자연적으로 사회적 도덕관은 몰락하고 있습니다. '도덕'이나 '윤리'라는 말들은 어느 순간부터 진부한 표현으로 자리 잡고 말았습니다. 삶의 모든 무게중심은 자기 자신의 행복입니다. 사람들이 흔히 부르는 'Don't worry, be happy'라는 노래처럼 'Everything is okay as long as I am happy' (내가 행복할 수만 있다면 모든 것이 다 허용될 수 있다.)라는 사고 방식을 가지고 있는 시대입니다.

앞서 열거한 버스터 세대의 문화는 단지 2세들에게만 국한되지 않습니다. 오늘 우리가 살고 있는 현대 시대를 반영해 주는 특징들입니다. 우리 2세들을 보다 적극적으로 이끌기 위해서는 이렇게 다양한 문화적 특성들을 인식하여야 합니다.

대안 2

2세 교육에 더 관대한 투자가 필요하다

한국 교회는 짧은 기독교 역사 가운데 세계에서 그 유례를 찾아볼 수 없을 만큼 놀라운 성장을 이루었습니다. 이렇게 한국 교회가 급성장하게 된 가장 큰 이유는 어릴 때부터 전도된 어린이들이 주일학교에서 가르침을 받았기 때문이라고 할 수 있습니다. 이 같은 사실은 여러 통계자료들이 말해 주고 있습니다.

주요 도시 교회 장년 교인 300명을 대상으로 조사한 결과 주일학교를 거친 이들의 비율이 87%나 되었습니다.[15] 미국의 경우도 마찬가지입니다. 클레어런스 벤슨(Clearence Benson) 박사의 말에 의하면 미국 교회의 85%의 교인이 주일학교를 거친 이들이라고 합니다. 그리고 교회에서 봉사하는 이들의 85%가 주일학교를 다닌 이들이며 선교사나 교역자들의 95%가 주일학교를 나온 이들이라고 합니다. 우리나라에서 조사하여 본 결과 교회에서 봉사하고 있는 제직들이나 교사 및 성가 대원 등의 89%, 그리고 교역자가 된 이들의 92%가 주일학교를 거친 이들이라는 것을 알 수

---

15) 김득룡, 『기독교교육개론』, (서울: 총신대학교출판부, 1984), p. 125.

있습니다.[16] 어린이처럼 쉽게 복음을 받아들이는 사람이 없습니다. 어린이처럼 복음에 대하여 전심을 다해 반응을 보이는 경우도 많지 않습니다.

위대한 전도자 무디(D. L. Moody)가 어느 날 집회를 마치고 돌아오는 길이었습니다. 어떤 사람이 "오늘 집회에서는 몇 명이나 구원을 얻었습니까?"라고 물었습니다. 이 때 무디는 "예, 오늘 집회에서 두 사람 반이 예수를 영접했습니다."라고 대답하였습니다. 질문을 물었던 사람이 "아 그러면 어른 두 명과 어린이 한 명이 예수를 영접했다는 말이군요?"라며 재차 묻자 무디는 "아닙니다. 정 반대입니다. 어린이 두 명과 어른 한 명이 예수님을 영접했습니다."라고 대답했다고 합니다. 그는 어린이 전도의 중요성을 알았던 것입니다.

한 사람의 어린이가 예수를 믿으면 그의 평생을 헌신할 수 있습니다. 그러나 어른은 그의 남아 있는 생애밖에 헌신할 수 없습니다. 주일학교 교육은 어떤 교육보다도 중요한 사역임을 인식하여야 합니다.

대다수의 한인 교회들의 1년 예산을 살펴보면 70-80%가 장년중심으로 책정되어 있음을 알게 됩니다. 특히 교회 건축을 새롭게 계획하거나 진행 중인 경우에는 그나마 책정되었던 교회 학교 예산도 삭감이 되기 일쑤입니다. 많은 교회들이 교회 학교 부흥이야말로 교회 부흥의 첩경이 된다는 사실을 망각하고 있습니다. 신앙과 믿음 교육은 우리 자녀들이 15세가 되기 전에 이루어질 때 가장 효과적인 결과를 가져다줍니다. 교회 예산의 대부분을 이미 성장한 장년들에게 할애하기 보다 자라나는 2세들에게 적극적으로 투자하는 것이 바람직합니다.

한국 교회도 100여 년의 짧은 역사 속에서 괄목할 만한 성장을 이룰 수 있었던 이유는 교회 학교에 대한 과감한 투자가 뒷받침되었기 때문입니다.

한국 장로교 최초 주일학교를 탄생시킨 연동교회(담임 이성희 목사)가 『연동교회 주일학교 1백년사』를 발간하고 지난 2008년 5월 11일 봉헌예배를 드렸습니다.

---

16) http://blog.daum.net/mentor20/15494164 internet accessed 4/6/2009.

연동교회 주일학교는 대부흥이 일어난 1907년 '소화회'라는 이름으로 시작돼 2009년 102주년을 맞이했습니다. 1914년 연동교회 장년 성도수가 7백 명일 때 소아회 어린이는 921명에 이를 정도로 놀라운 성장을 보였다고 합니다. 3년 후인 1917년에는 교회 예산의 39%가 주일학교에 사용됐고, 교사 수만 57명이 되었습니다. 당시에 연동교회의 이러한 주일학교 부흥이 주변 교회에 영향을 미쳐서 새문안교회, 승동교회, 남문밖교회, 안동교회 등에서도 주일학교가 크게 활성화되었던 일이 있습니다.

부모들은 자식이 공부하기 위해 필요한 제반의 후원을 다합니다. 만일 재정이 어려워서 대학교에 진학하기 힘든 자식이 있다면 빚을 얻어서라도 공부를 시킵니다. 하지만 교회는 가정과는 전혀 다른 모습을 보이고 있습니다. 장년예배를 드리는 본당에는 최신식 악기를 들여놓고, 최선의 환경을 조성하지만 교회 학교 부서들은 교회 내 보이지도 않는 구석에서 존재감의 회의를 느끼며 모임을 갖는 경우가 많습니다. 우리 2세들에게 바른 신앙과 믿음교육을 전수하기 위해서는 1세들이 먹을 것을 줄이더라도 과감히 교회 교육에 투자해야 합니다.

예수님께서도 마태복음 6장 21절에서 "네 보물 있는 그 곳에는 네 마음도 있느니라"는 말씀을 하셨습니다. 아무리 교회에서 교육을 중요시 여기고 교육을 최고로 여긴다고 부르짖어도 그 예산의 쓰임에 따라서 그 말의 진위를 구분할 수 있습니다. 교육은 투자한 만큼의 결과를 얻게 됩니다. 우리 자녀들에게 바른 신앙교육, 바른 믿음 전수가 이루어져야 함을 안다면 그에 대한 교회의 투자가 더 과감해져야 하겠습니다.

미국 필라델피아의 '해티 매 와이아트'라는 소녀가 템플 교회 주일학교를 찾아 갔으나 자리가 없어 슬픈 마음으로 집으로 돌아와야 했습니다. 그런데 얼마 후 그 아이는 앓던 병으로 죽고 말았는데 그 아이의 베개 밑에서 다 낡아빠진 지갑 하나가 나왔습니다. 그 안에는 동전 57센트와 "템플 교회 주일학교를 좀 더 크게 지어서 많은 어린이들이 들어갈 수 있게 해 주세요.”라고 쓴 종이 한 장이 들어 있었습니다. 이로 인해 럿셀 콘웰 목사와 성도들 간에 건축 모금 운동이 일어나 57센트로 시작한 돈이 25만 불의 기적을 일으켰고 3천 명이 앉을 수 있는 큰 교회가 건립되는 일이 일어났습니다.

자원도 부족하고 땅도 좁은 나라, 그것도 남과 북이 나뉘어 있는 나라임에도 불구하고 대한민국이 오늘만큼 성장할 수 있었던 이유 중의 하나는 교육 때문입니다. 우리들의 부모세대가 일제와 6.25를 거치면서 전쟁과 가난, 질병과 굶주림 속에서 참 험악한 시대를 살아왔지만, 그들은 다음 세대의 번영과 풍요를 위해서 교육에 힘써 왔었습니다. 우리도 다음 세대의 번영과 안정을 위하여 교육에 힘써야 합니다. 지난 1세대보다 2세대가, 2세대보다 3세대가 더 나은 한인 교회를 위해서 교육에 과감한 투자를 해야 합니다. 특별히 사교육이 팽배해지면서 참된 교육을 잃어가고 있는 세대를 향해서 참된 길과 진리와 생명을 제시하는 곳이 바로 이민 교회입니다. 2세들에게 참된 삶의 의미와 비전과 사명을 불어넣어 주는 교회가 되어야 할 것입니다.

대안 3

한국어와 한국 문화(뿌리)교육에 목숨 걸라

이민자들이 겪는 문화 충격

모국을 떠나 외국으로 이민을 간 사람들은 어느 나라로 이민을 가든지 그에 따른 문화적인 충격을 받게 됩니다. 이에 대하여 찰스 오스굿(Charles E. Osgood) 교수는 문화 충격의 다섯 가지 구체적인 원인을 분석해 놓았습니다.[17]

1) 정치적 존재성(Political Visibility)

한 인간이 세상을 살아가며 당연히 탐구하여야 할 질문이 한 가지 있습니다. 그 것은 바로 "나는 누구인가?" 하는 것입니다. 이렇게 자아를 알고자 하는 탐구심은 비단 어린 시절에만 유효한 것이 아니라 성인이 되어서도 여전히 사람들 안에 깊숙이 간직되어 있습니다. 그러한 까닭에 태어난 곳을 떠나 새로운 환경에서 삶의 둥지

---

17) Charles E. Osgood, 『Cross Cultural Universals Affective Meaning』 (Urbana Illinois Press 1975).

를 트는 이민자들은 나란 존재가 새로운 나라, 새로운 사회 속에서 어떤 의미로 부각되는지에 대한 고민이 생기게 됩니다. 그리고 나의 의견, 나의 목소리, 나의 견해들이 새롭고 낯선 곳에서 거의 영향력을 발휘할 수 없다는 것이 큰 두려움으로 다가올 수 있습니다.

최근 이민 온 가정에 심방을 간 적이 있었습니다. "새로운 곳에서 적응하느라 힘드시지요?"라는 한 마디 질문에 그저 눈물을 펑펑 쏟는 것이었습니다. 한국에서는 부당한 대우를 받았거나 차별 대우를 받았을 때 스스로 해결할 수 있는 능력이 있었는데 이곳에서는 너무 무기력한 자기 자신을 보면서 존재감에 회의를 느끼기까지 한다는 이야기를 했습니다.

2) 경제적 자립(Economic Conflict Resolution)

한국에 있었더라면 의식주 문제, 즉 무엇을 먹을까, 입을까, 마실까하는 것들로 인하여 염려하는 경우가 없었을 텐데 막상 이민을 와서 새로운 땅을 밟음과 동시에 경제적으로 어떻게 자립할 수 있을까 하는 문제는 현실적인 큰 과제가 됩니다.

3) 문화적 시범성(Cultural Visibility)

한국국회인권정책연구회에서는 지난 2007년 1월 29일 '다문화 가족 지원법' 제정을 위한 입법공청회를 개최하였습니다. 최근 한국에도 국제결혼 부부가 10쌍 중 한 쌍(14%)일 정도로 급증하고 있습니다. 이에 따라 언어 장벽, 문화적 차이 등 '다문화 가족'이 겪는 어려움이 많아지는 상황에서 국회가 이들을 돕기 위해 움직인 것입니다. 베트남, 태국, 중국 등 같은 동양권 나라라고 하지만 이들 나라에서 평생을 살다가 한국으로 시집온 여성들이 한국의 가부장적이며 유교적인 가정형태를 접하면서 받게 되는 충격이 얼마나 클까요? 한국의 많은 시어머니들이 동남아에서 결혼하여 이주한 며느리들에게 "왜 밥도 못하고 국도 못 끓이냐? 빨리 한국 요리 배워라!", "왜 너희 나라 말로 가족들과 전화통화를 하냐? 아이한테 한국말 가르쳐라!"
라며 호통을 친다고 합니다.

이렇듯 이민자들은 그동안 살아왔던 모국 문화와 많은 차이가 있는 타국 문화
를 접하면서 겪게 되는 반복적인 시행착오와 고충이 있습니다. 이러한 문화 차이에
서 비롯되는 충격을 가리켜서 문화적 시범성이라고 정의합니다.

4) 민족적 주체의식(Ethnic Identity and Awareness)

세계화 시대, 즉 각 국가의 벽이 허물어지고 세계가 하나가 된다는 것은 매우 바
람직한 일입니다. 그러나 한 가지 간과해서는 안 될 것이 있습니다. 그것은 각 국가
가 갖고 있는 자기들만의 고유한 민족성은 전 세계가 하나가 될 수 없는 특수한 것
이라는 사실입니다. 하지만 이민자들은 새로운 사회 속에 살아가면서 자기만이 가
지고 있는 개성과 존재 의식 자체를 거부하거나 부인해야 할 때가 있습니다. 더 나
아가 낯선 무리에게 위축되지 않는 모습을 보이다 보니 모호한 자기 정체성이 생기
게 되는 것입니다.

5) 주류사회와 소수민족 사이의 편견 및 인종차별(Racism against Ethnic Minority)

나라별로 차이가 있겠지만 소수민족이 겪어야 하는 편견과 인종차별로 인한 갈
등은 이민자 모두가 동일하게 겪는 문제입니다. 최근에 미국 소도시에서 교수로 활
동하는 한인 1.5세를 만난 적이 있었습니다. 그는 5년 전 학교 역사 250년을 통틀
어 첫 동양계 교수로 임용되었습니다. "학교 내에 동양인 교수로 겪는 인종차별이
없습니까?"라고 묻자 "왜 없느냐, 다만 외국에서 살기에 당연히 겪어야 하는 것으
로 인정하고 극복하려고 하기에 교수 생활이 가능하다."는 이야기를 했습니다. 이민
생활을 하면서 하루에도 수없이 경험하게 되는 것이 소수민족으로서의 편견과 인

종차별입니다.

6) 이민 세대들 간의 갈등(Generational Conflict)

미국인들과 겪게 되는 문화적 차이에서 오는 갈등이라면 쉽게 받아들일 수 있겠지만 자녀들과 겪게 되는 세대 간의 갈등은 이해하기 힘들고, 용납하기가 참으로 어렵습니다. 자녀들과 깊은 대화를 나누고 싶어도 언어적 한계 때문에 불가능할 때가 있습니다. 부모가 살아온 환경과 문화가 자녀들이 살고 있는 환경과는 큰 괴리가 있기에 많은 의견 충돌을 경험하게 됩니다.

그렇다면 이런 다양한 문화적 충격 속에 노출된 이민 가정과 이민 1세대, 2세대들을 위해서 교회적으로 세워갈 수 있는 교육의 방향은 무엇일까요?

교회 내에서 이루어지는 뿌리 교육이 중요하다.

모든 현상에 그 근원이 있듯이 우리의 교육에도 뿌리가 있어야 합니다. 바람에 흔들리지 않는 건강한 나무들은 그 줄기와 잎사귀가 튼튼해서 그렇게 자란 것이 아닙니다. 건강한 나무일수록 땅 속에 깊이 감추어져 있는 뿌리가 있음을 알게 됩니다. 사람들은 때때로 뿌리의 중요성을 인식하지 못하고 지낼 때가 많이 있습니다. 그러나 뿌리가 충실하지 않고는 건강한 사람이 될 수 없습니다.

하나님께서 이스라엘 백성들로 하여금 그 후손에게 물려주기 원하셨던 부분은 선민으로서 어떻게 부르셨고, 인도하셨고, 구원해 주셨는지에 대한 체험적 신앙이었습니다. 그래서 성경은 교육의 중요한 장을 가정이라고 명시합니다. 그리고 그 가정의 주체인 부모들이 자녀들에게 가르칠 책임을 지니고 있다고 일깨웁니다.

유대인 교육은 종교적 사상이나 그들의 신앙구조를 추상적으로 전달하지 않습니다. 가정에서 분위기를 유도하여 과거 하나님께서 역사하신 내용들을 이야기 식으로 설명하고 교육시킵니다. 더불어 유대인들은 가정에서 다양한 종교 의식을 통해 교육을 감당합니다. 유월절에는 온 가족이 모여서 이스라엘이 하나님께 선택받은 경위에 대해 설명해 줍니다. 이집트의 노예 생활에서 어떻게 해방 받게 되었는지 역사 이야기를 들려줍니다.

여호수아 4장 1-7절을 보면 길갈을 향해 전진하는 이스라엘 백성들이 요단강을 만나 멈추어 있을 때 행하신 하나님의 역사가 나타나 있습니다. 제사장들이 요단강에 발을 들여놓자마자 강물이 말라서 너무나도 편안하게 요단강을 건너게 됩니다. 그런데 그 일이 있은 후 하나님께서는 여호수아에게 제사장들의 발이 굳게 선 그곳에서 돌 열둘을 취하도록 명령하셨습니다. 그리고 그것을 표징으로 삼아 대대로 그 후손들에게 그 돌들이 무엇이고 하나님께서 어떻게 그들로 하여금 요단강을 건너게 하셨는지에 대하여 가르치도록 명하셨습니다.

이것은 민족공동체를 형성시키는데 있어서 중요한 사건들을 의식, 관습, 상징적 표현을 통해 계속해서 기억하게 하는 것이 참 교육의 일환임을 보여 주는 일례입니다. 뿌리 교육이라는 것은 과거 우리가 어떻게 태어났고, 어떻게 살아왔으며, 어떻게 이 자리에 오게 되었는지를 지속적으로 일깨워 주는 것을 의미합니다. 이러한 뿌리 교육이 없이는 누구도 바른 정체성을 확립하기가 어렵습니다. 유대인 자녀들이 공동체의 일원으로 제사와 종교의식에 참여하여 공동체의 유산과 전승을 접하고 뿌리를 인식한 것처럼 우리들도 우리 자녀들에게 한국의 문화 교육과 뿌리 교육을 효과적으로 이루어지도록 하여야 합니다.

사사기 2장 10절을 보면 "그 세대 사람도 다 그 조상들에게로 돌아갔고 그 후에 일어난 다른 세대는 여호와를 알지 못하며 여호와께서 이스라엘을 위하여 행하신 일도 알지 못하였더라"고 말씀하고 있습니다. 유대백성들은 한동안 구전을 통해서 조상이 경험한 하나님의 역사와 섭리를 자손들에게 교육시켰지만 세대가 변화하면서 그 교육이 멈추어졌습니다. 그 후 그들은 더 이상 선민의식을 가지지 못한 이방인과 동일한 삶을 살게 됩니다. 그들은 하나님께서 주신 율법의 권위를 인정하지 않고 오히려 하나님의 뜻과 정반대되는 삶을 살아감으로 심판을 받게 되었습니다. 그런데 그 이유에 대해서 사사기 2장 10절은 하나님의 역사를 경험한 사람들이 모두 죽은 뒤에 그들의 후손들이 하나님에 대해서 알지 못했기 때문이라고 말합니다. 올바른 뿌리 교육과 역사 교육이 이루어지지 않으면 몇 세대가 지난 뒤에 하나님의 존재자체도 부인하게 되는 엄청난 결과를 초래한다는 사실입니다.

지난 2008년 10월 3일에 한국의 공주대학교에서는 제 1회 '세계 한인 정치인 및 차세대 정치인 공주 포럼'이 개최됐습니다. 이날 포럼에서 신호범 워싱턴 주 상원의원은 "미국에서 동화한다는 것은 한민족 정체성을 확립하고, 한국 문화를 이해하는 것이라 말할 수 있다."며 "뿌리 교육은 이중문화를 알아가는 과정이며 이중문화를 모르면 자신을 모르고 뿌리도 모른다."고 밝혔습니다.

2세들의 정체성 확립단계

2세들에게 있어서 건강한 정체성을 확립하는 것은 그들 인생의 가장 중요한 요소 중 하나입니다. 그동안 정체성 확립단계에 대한 다양한 연구가 있었지만 그 가운데 피니가 연구한 소수민족들의 정체성 확립단계 모델은 우리 2세들을 이해하는데 매우 효과적인 단계를 제시합니다.[18]

1단계 정체성 혼미/확산(Identity-diffused)

첫 번째 단계에서는 2세들이 전혀 소수민족정체감에 대한 개념을 파악하지 못합

---

18) Phinney, Jean. 1989. Stages of ethnic identity development in minority group adolescents. Journal of Early Adolescence 9: 34-49.

니다. 내가 타국에서 태어난 한국인이라는 것을 인식하지 못합니다. 북미와 한국, 두 가지 문화에 노출되어 성장한다는 사실을 자각하기에는 너무 이른 나이입니다. 구태여 자신을 한국인으로 생각하지 않는 시기라고 볼 수 있습니다.

특히 북미에서 태어난 2세들에게 있어서는 이 시기 동안 언어와 문화적인 장벽을 느끼지 못합니다. 유치원에서 적응하는데 큰 어려움을 겪지 않습니다. 나와 얼굴색이 다르다는 것이 큰 문제가 되지 않습니다. 그래서 우리 2세들이 1단계까지는 물 흐르듯 이곳의 문화와 사고에 적응해 나갑니다. 2세들이 1단계에서 겪는 갈등과 고민은 소수민족이기에 겪는 어려움이라기보다 일반적으로 비슷한 연령대의 어린이가 북미에 거주하면서 겪게 되는 것과 동일합니다.

나의 셋째 아이는 캐나다에서 태어나서 한 살 때 미국으로 왔습니다. 지금 유치원에 다니고 있는데 아이들과 얼마나 친하게 잘 지내는지 모릅니다. 최근에는 서양 여자 아이가 내 셋째 아이가 좋다며 사랑고백(?)을 해 왔습니다. 부모로서 기분이 몹시 좋았습니다. 그러나 한편으로는 '이 아이들이 커서도 이런 관계를 유지할 수 있을까?' 하는 생각이 들었습니다. 시간이 흐르고 내 셋째 아이가 성장하면 유색인종으로서 북미에 사는 의미를 생각하게 될 것입니다. 그리고 자신이 누구인가 하는 정체성에 대한 고민을 하게 될 것입니다.

2단계 정체성 유실(Identity-foreclosure)

경험을 통한 확신은 없으나, 부모의 교육을 통해서 자신은 한국인이라고 말하는 단계입니다. 비록 북미에서 태어난 2세라고 할지라도 한인 가정에서 성장하기에 한국적인 문화와 사고에 익숙하게 됩니다. 한국계 미국인의 바른 정체성이 무엇인지 스스로 깨닫기 이전에 부모로부터 한국적 문화와 사고를 물려받게 됩니다. 일반적으로 2단계에서는 2세들이 부모의 생활 방식을 그대로 따라하는 경우를 쉽게 보게 됩니다. 부모의 명령대로 행동합니다.

한 가정이 저녁 식사를 하기 위해서 식탁에 둘러앉았습니다. 때마침 점심을 굶은 아들이 정신없이 밥을 먹기 시작했는데 옆에 앉아 계시던 아버지가 버럭 화를 내셨습니다. "야, 이놈아, 어른이 숟가락 들기 전에는 기다리고 있는 거야!" 이런 저런 문화적 경험을 통해서, 그리고 무엇보다 부모의 교육을 통해서 "아! 나는 한국 사람이고, 한국 사람은 이렇게 살아야 하는구나."라는 생각을 갖는 단계가 바로 2단계입니다.

3단계 정체성 유예(Identity-moratorium)

일단 자신의 소수 민족 정체감을 모두 무효화시키는 단계입니다. 3단계에서 2세들은 자신이 직접 소수 민족 정체감을 갖기 위한 구체적인 노력을 시도합니다. 정체성을 찾는 과정에서 스스로 여러 가지 가치, 흥미, 사상, 문화, 언어 등을 탐구하게 됩니다.

2세들이 부모의 교육을 통해 한국적인 문화와 사고방식에 익숙해졌다고는 하지만 학교나 사회에서는 그동안 익혀 왔던 것과 반대되는 문화를 접하고 교육받기도 합니다. 수년 전 신대원 총장과 학생들이 함께 식사할 기회가 있었습니다. 내가 놀란 것은 총장이 학생들과 함께 줄을 서서 20분 가량 기다린 후에야 음식을 먹는 모습 때문이었습니다. 한국에서는 쉽게 보기 어려운 장면입니다. 한국에서는 총장이 학생들과 더불어 교내 식당에서 밥을 먹는 법이 거의 없습니다. 간혹 교내 식당에서 밥을 먹는다고 해도 이미 특정석이 준비되어 있어서 줄을 서서 기다리는 경우는 없습니다.

이민 2세들이 겪는 정체성의 혼동은 많은 경우 문화적 요인에서 비롯됩니다. 집에서는 어른이 숟가락을 먼저 들기 전에 밥을 먹지 말라고 교육받지만, 학교에서는 교사든 학생이든 먼저 온 사람이 먼저 먹는 것입니다. 이러한 일련의 경험들을 통해서 결국 그들의 가치관은 혼란 속에 빠지게 되고 스스로의 정체성 자체를 부인하는 단계에 이르게 됩니다. 그리고 "나는 과연 누구인가?"라는 질문에 대한 해답을 스스로 찾기 위한 노력을 합니다.

4단계 정체성 확립(Identity-achieved)

경험을 통한 확신 속에서 나는 한국계 미국인 (Korean-American)이라고 말하는 단계입니다.

이곳에서 자란 2세들을 관찰하다 보면 흥미로운 사실 하나를 발견할 수 있습니다. 고등학교 때까지만 해도 극구 한국어를 구사하지 않는 경우가 많습니다. 그리고 한국인이라는 것에 대해서 부끄러워하는 모습을 자주 보게 됩니다. 그런데 갑자기 대학교에 들어가면서부터 한글과 한국 문화에 큰 관심을 보입니다. 그래서 교환 학생 신분으로 한국에 방문하는 일들을 자주 목격합니다. 2007년 한해 한국을 방문한 미주 한인 대학생들은 연세대 1,850명, 고려대 1,000명, 이화여대 203명, 서강대 81명, 서울대 46명 등 총 3,000명이 넘는 것으로 집계되었습니다. 이들은 일정 기간 한국 대학에 다니며 수업을 듣고 한국 문화를 습득해 한국계 미국인으로서의 정체성을 찾는다고 합니다. 또한 한국에 다양한 인맥을 만들어 훗날 취업과정에서 큰 도움을 받고자 하는 이유도 있다고 합니다.[19]

---

19) 2008년 9월 29일 〈미주중앙일보〉.

조슈아 박, '왜'라는 문답식 교육 절실

2004/07/17 캐나다 한국일보

지난해 9월 초, 서울의 대원외국어고등학교 해외진학반(SAP) 학생들은 호기심과 긴장감으로 술렁이고 있었다. 학생들로서는 아무리 생각해도 선뜻 이해되지 않는 '별난' 이력(?)을 지닌 선생님의 첫 수업을 앞두고 있기 때문이었다.

"새로 온 선생님이 하버드대 박사 출신이라고…", "변호사나 교수직도 가능한 게 법학박사 아닌가.", "좋은 자리가 많을 텐데 왜 한국까지 와서 선생님을 하지?" 온갖 추측과 설익은 분석이 난무했다.

교실 문이 열리자 학생들은 더욱 못 믿겠다는 표정이었다. 학생들보다 불과 대여섯 살 많을 듯한 20대 중반, 그것도 아직 앳된 동안(童顔)의 청년이 강단에 올라선 것이다. 재미교포 조슈아 박(한국명 박규일/26세 joshuapark@post.harvard.edu) 선생님. 하버드대 법학박사(J.D) 학위를 받고 3개월 만에 태평양 건너 모국의 한 고교 강단에서 첫 발을 내딛는 순간이었다.

호기심 어린 눈빛을 나누던 학생들은 처음부터 직설적인 질문을 날렸다. "하버드대 법학 박사가 왜 고등학교 선생님을 택하셨죠?" 7세 때 이민을 간 교포라고는 믿기 어려울 정도의 완벽한 서울 표준말로 조슈아는 이렇게 말문을 열었다.

"제 근본에 대해 더 자세히 알고 싶었습니다. 백화점과 다리가 순식간에 붕괴되기도 하지만 세계에서 국민 평균 IQ가 가장 높고, 세계에서 가장 빠른 경제성장을 이룬 다양한 양면성을 지닌 나라, 그리고 세계에서 가장 역동적인 민족성을 지닌 한국인의 '열정'을 알고 싶었습니다. 제가 미국에서 무슨 일을 한다 해도 한국에 대해 모른다면 제 삶은 영영 '잃어버린 반쪽'에 불과하기 때문입니다."

이후 '박사 교사'는 학생들이 갖고 있는 고정관념의 틀을 깨는 지도 방식과 열정으로 학생들 사이로 스며들었다. 마치 영화 '죽은 시인의 사회'에 나온 존 키팅 선생님처럼 주입식과 암기식 교육에 젖은 학생들의 '관념의 벽'을 허물고, 대신 창의성과 적극적인 사고방식을 불러 넣었다.

"'하버드'나 '법학박사'라는 단어가 내포한 사회적 통념에 사로잡혀 있다면 너는 고정 관념의 포로이다. 관념의 틀에서 벗어나라.", "창의적인 사고만이 너희들의 삶을 일깨울 수 있다.", "공부만 잘하고 이기적인 사람이 될 바에는 아예 공부를 포기하라. 이 세상에서 가장 위험한 족속이 바로 그런 사람들이다."

학생들에게 '형'이나 '오빠'에 불과한 나이였지만 추상같은 가르침이 쉴 새 없이 학생들을 다그쳐 나갔다. 학생들도 그의 열의와 실력에 녹아들었다. 조슈아의 신 사고 가르침은 놀라운 성과를 일궈 냈다. 밤을 새워 가며 학생들의 학습전략, 작문 지도 및 추천서 작성, 진학 상담까지 모두 1대 1로 도맡은 결과, 지난 4월 해외 진학반 학생 61명 전원을 미국의 명문대(하버드, 프린스턴대 등 아이비리그 19명)에 진학시킨 것이다. 그간 학생들과 함께 밤참으로 먹은 라면만 해도 몇 박스에 이르렀고, 심지어는 낮에 피곤한 나머지 책상에서 잠시 눈을 붙였다가 학생들의 카메라 폰에 찍혀 회자된 적도 있었다. 그의 숙소는 학생들에게 '해방구'가 되기도 했다. 모두 달콤한 추억이었다.

조슈아가 일궈낸 성과는 비단 대원외고 뿐만 아니라 유학을 꿈꾸던 학생들에게 새로운 희망을 던져 준 '일대 사건'이었다. 한국에서 고교를 마치더라도 미국 명문대를 직접 겨냥할 수 있다는 가능성 때문이었다.

지난 한 해만 조기유학으로 2만여 명의 학생이 떠났고, 한해 20억 달러가 넘는 교육수지 적자, 수많은 '기러기 아빠'와 유학생을 둔 가족이 멀리 떨어져 생활해야 하는 현실을 감안할 때 한국에서 고교만 졸업하고 유학을 가더라도 개인, 가정, 국가 차원에서 많은 어려움이 감소될 수 있기 때문이었다.

"너무 어릴 때 조기 유학에 혼자 나서면 스스로의 정체성 확립과 가족에 대한 유대감 형성이 어려워지게 마련입니다. 한국 부모들은 이를 너무 가볍게 여기는 경향이 있습니다. 유학을 결정한 가정의 경우 한국에서 체계적인 예비교육을 받을 수 있다면 고교를 마치고 유학에 나서는 것이 바람직합니다."

'기러기 아빠'에 대해서도 그는 극히 부정적이다. 하버드대 박사 학위와 성장기에 있어 아버지와의 관계 중에서 양자택일을 하라면 그는 당연히 후자를 택하겠다면서 자칫 준비 없는 조기유학은 고생은 고생대로, 돈은 돈대로 쓰고, 아이까지 정체성을 잃은 반쪽 인간으로 만드는 위험이 있다고 충고한다.

그는 유학 예찬론자가 결코 아니다. "유학을 반드시 안 가도 한국에서 세계적인 교육을 받을 수 있게 교육환경을 조성해 줘야 합니다. 유학을 안 가도 세계에서 통할 수 있는 인재를 양성할 수 있으면 됩니다. 다만 미래는 다국적 경제 문화 환경에 능한 인재들이 더 유리할 수 있다는 점에서 유학은 대안 중 하나이며, 그런 차원에서 유학의 성공 확률을 높이는 체계를 만드는데 신경을 써야 합니다."

한국 학생들을 가르치며 그들의 장단점을 분석해 온 조슈아는 주입식과 암기식 공부 방식에서 벗어날 수 있는 해법으로 자신이 하버드대 로스쿨에서 배운 소크라테스씩 문답법을 이용한 토론식 교육을 들었다.

"지금의 한국식 공부에는 '왜' 라는 질문이 없습니다. '왜'라는 질문이 없다면 창의성이 나올 수가 없습니다. 학생들을 일깨워 주는데 마음의 문을 연 토론만큼 유효한 수단이 없었습니다." 물론 대원외고에서 진행되는 그의 토론 강의는 영어로 진행된다.

조슈아는 학생들이 토론 방식의 교육에 익숙해질 무렵, 또 하나의 실험에 나섰다. 지난 3월 독일 슈투트가르트에서 열린 세계학생토론대회(World School Debate Championship)에 대원외고생 5명으로 구성된 한국 대표팀을 이끌고 처녀 출전한 것이다.

이 대회에서 한국은 대회 초반 네덜란드와 슬로바키아에 승리해 돌풍을 일으켰지만 이후 미국과 그리스 등에 패해 순위권 입상에는 실패했다. 하지만 첫 출전한 국가 중 최고 성적이었다.

"세계는 미래 엘리트 교육을 위한 치열한 경쟁에 들어갔습니다. 아시아만 놓고 봐도 홍콩, 태국, 싱가포르가 선진국 교육기관 설립을 자유화하는 한편 중국도 엘리트 교육에 전력을 기울이고 있습니다. 한국도 교육을 미래 산업으로 육성해야 합니다. IT분야나 수출에는 투자를 아끼지 않는 한국이 인재 양성에는 등한히 하는 이유를 이해할 수 없습니다."

20대 중반의 패기답게 조슈아의 24시간은 뜨거운 엔진처럼 100% 가동되고 있다. 영자신문 〈코리아 타임스〉의 기명 칼럼니스트로 나서고, 『로스쿨 입문서』 등 두 권의 책을 동시 집필하는 한편 주말에는 외국인 근로자를 위한 봉사활동을 하고 있다.

"하버드 로스쿨에서 많게는 주당 1,000페이지가 넘는 독서를 하고 수십 페이지 분량의 리포트를 써 보기도 하고, 프레젠테이션을 하면서 저 스스로를 단련했습니다. 오히려 지금은 여유로운 편입니다."

다시 한 번 물었다. 왜 한국에서 사회생활을 출발하게 됐냐고?

"한국 교육을 보면서 제 스스로 이상한 도전 의식을 느꼈습니다. 맑은 영혼과 훌륭한 잠재적 지적 역량을 지닌 학생들이 주입식 입시교육에 묶여, 외우지 않아도 되는 부분을 달달 외면서 서로 치열하게 경쟁하는 걸 보며 거대한 장벽처럼 느껴지는 그 무엇에 대해 돌파하고픈 욕구가 생겼습니다. 지금 저의 성과와 하는 일에 매우 만족합니다." 조슈아는 '아름다운 청년'에다 '패기와 실력'까지 갖춘 미국계 한국인이었다.

이상원 객원 기자 lsm1116@empal.com

죠수아 박의 예에서 보이듯 궁극적으로 2세들은 그들의 근본에 대해서 자세히 알고 싶어 하는 단계에 이르게 됩니다. 미국에서 무슨 일을 하더라도 한국에 대해 모른다면 진정 그들의 삶은 '잃어버린 반쪽'에 불과할 수 있습니다.

Uniquely Me

by Alex Graham James

I am

a confusion of cultures.

Uniquely me.

I think this is good

because I can

understand

the traveller, sojourner, foreigner,

the homesickness

that comes.

I think this is also bad

because I cannot

be understood

by the person who has sown and grown in one place.

They know not

the real meaning of homesickness

that hits me

now and then.

sometimes I despair of

understanding them.

I am

an island

and a United Nations.

Who can recognise either in me

but God?[20]

고유한 나

나는 문화의 혼란 속 고유한 나! 그러나 나는 이것이 유익하다고 생각합니다. 왜냐하면 나는 잠시 머물다 가는 여행자와 이방인들만이 갖는 고향을 그리는 향수병을 이해할 수 있기 때문이지요. 때로 나는 이것이 별로 유익하지 않다고 생각하기도 합니다. 왜냐하면 나는 한 곳에서 태어나고 자라난 나와 다른 환경의 사람들로부터 이해받지 못하기 때문이지요. 그들은 고향을 그리는 향수병에 대한 의미를 이해하지 못하지요. 그리고 그것이 때로 그들을 이해하고픈 나에게 절망을 가져다 준답니다. 나는 하나의 섬으로 존재하고 동시에 모든 나라를 연합한 연합국으로 존재하기도 하지요. 하나님 외에 그 누구도 나를 이해할 수 없겠죠?

지구상에는 역사상 많은 민족들이 등장하였다가 사라져 갔거나 타민족에 함께 동화되어 오늘날 그 존재를 찾아볼 수 없는 경우가 많습니다. 미국에서 수천 년 간

20) 『Uniquely Me』 by Alex Graham James (Third Culture Kids /David C. Pollock and Ruth E. Van Reken. 1999. pp. 37–38) / 고유한 나

살아왔던 원주민들만 봐도 이해가 쉽습니다. 이제는 원주민들의 문화나 언어조차도 찾아보기 어렵습니다. 우리 한국인들이 이민 와서 새로운 문화적 배경 속에서 살아간다고 해도 한국의 문화와 뿌리 교육에 있어서만은 양보하거나 타협해서 안 되는 이유가 여기에 있습니다. 바른 문화 교육, 바른 뿌리 교육을 통해서 2세들의 바른 정체성이 확립되기 때문입니다.

모국어 교육이 활성화되어야 한다

얼마 전 내가 섬기는 교회의 한 분으로부터 자식 자랑을 들은 적이 있습니다. 부모면 누구나 자식 자랑을 하고 싶어 하지요. 그런데 그 내용을 들으면서 씁쓸한 마음을 금할 길이 없었습니다. 이분의 아들은 미국에서 태어나고 성장하였습니다. 그 아들이 영어를 아주 잘한다는 것이 이분의 아들 자랑거리였습니다. 비록 북미에서 태어나고 자랐지만 한인 2세들 가운데 억양이 다를 수 있고, 어휘력의 차이도 있는데 그 아들은 미국인들처럼 억양도 없고 어휘력이 뛰어나다고 했습니다. 물론 영어를 잘하는 것이 나쁠 것은 없지만 이곳에서 태어나고 자란 2세들이 영어하는 것은 당연한 것입니다. 우리가 한국에서 태어나고 자란 사람들에게 "한국어를 참 잘한다!"라고 하는 말이 칭찬이 아닌 것과 같습니다. 더욱 더 안타까웠던 것은 그 아들이 영어는 잘하는데 한국어는 거의 모르는 2세였기 때문입니다.

요즘은 1세들조차 2세들의 한글교육 중요성을 인식하지 못합니다. 교회와 가정에서 한글교육은 반드시 시행되어야 합니다. 그 이유는 매우 다양하지만 몇 가지만 나열하면 다음과 같습니다.

1) 자라나는 새로운 세대에게 자기가 누구이며 어디서 왔다는 '뿌리'를 일깨워 주기 위해서 모국어에 대한 언어교육이 반드시 필요하기 때문입니다.[21]

뿌리 교육에 있어서 언어교육은 불가피합니다. 한글을 배움으로 해서 부모의 나라인 한국의 역사, 문화, 풍습을 배울 수 있습니다. 언어는 단순히 언어로서만 존재하지 않습니다. 언어는 한 나라의 문화와 관습, 더 나아가 그 나라의 사고까지 포함한 포괄적인 요소입니다.

몇 해 전 대학교에 다니는 2세 학생이 성경 공부 선생님을 찾아가서 아버지에 대한 불만을 토로한 적이 있었습니다. 이 학생은 당시 대학교 기숙사에서 생활하고 있었습니다. 학생의 아버지가 가끔 기숙사로 전화하시는데 아들에게 유일하게 묻는 질문이 '밥 먹었니?'라는 것이었습니다. 자주 통화하지도 않는데 왜 통화할 때마다 똑같은 질문, 그것도 의미 없는 질문을 반복하느냐는 것이 학생이 갖는 아버지에 대한 불만이었습니다. 간혹 '밥을 먹었다'고 대답하면 이번에는 '뭐 먹었니?'라는 질문을 던진다고 했습니다. 이 학생은 의미있는 질문을 하지 않는 아버지를 결코 이해할 수 없다고 하였습니다.

한국에서 자라난 1세대 남자들은 대부분 가부장적인 사고를 가지고 있다고 해도 과언이 아닙니다. 가정에서 아내에게 혹은 자식에게 '사랑한다'는 표현자체가 자유롭지 못합니다. '밥 먹었니'라는 물음 자체를 영어로 직역하면 'Did you eat?'이라고 이해할 수 있겠지만 사실 그 질문을 가부장적인 1세 아버지가 던졌을 때 의미는 크게 달라집니다. 기숙사에서 공부하는 아들에게 전화하여 '밥 먹었니?'하는 것은 "내가 널 사랑한다! 내가 널 보고 싶다! 지금 뭐하고 있니? 공부하느라 힘들지?" 이런 내용이 함축된 말이라 할 수 있습니다. 한 나라의 언어를 깊이 이해하지 못하면 그 문화에 대해서도 이해할 수 없다는 것을 보여 주는 좋은 실례입니다.

또 다른 예로 벌써 수년 전 북미에 거주하는 한인 2세 여자 아이가 자살을 했는

---

21) 원광호, 세계화 시대의 2세 교육, 『한인 교육연구』, 통원 11호, p. 27참조.

데 사인 규명을 위해 집에 들이닥친 경찰들에게 그 아이의 어머니가 가슴을 치며 "내가 죽였어, 내가 죽였어."라며 통곡을 하자 실지로 그 어머니를 살해자로 간주하고 입건시킨 일도 있었다고 합니다.

가정과 교회에서 한글을 배우고 사용하는 것은 우리 2세들로 하여금 보다 건강한 한국 문화와 정체성을 소유하기 위해서 불가피하다고 할 수 있습니다.

2) 부모와 자식 간의 언어장벽을 해소하기 위해서 한글 교육이 필요합니다.

이민을 와서 살아가는 대다수의 가정의 가장 큰 화두는 자녀와의 대화입니다. 자녀들이 성장하면서 한국어보다는 영어로 생각하고 읽고 쓰게 되는 자연스러운 변화가 일어납니다. 또한 어느 순간부터 자녀들의 영어를 부모가 따라갈 수 없게 됩니다. 자녀들이 영어하는 모습을 보면서 흐뭇함을 느끼기도 하지만 대개는 이 시점부터 자녀들과 깊은 대화를 나눌 수 있는 언어의 통로가 봉쇄되기 시작합니다. 이러한 어려움을 극복하기 위해서 부모가 영어를 배우려는 시도와 노력이 많이 있었습니다. 하지만 과연 1세대들이 영어를 배워서 자식과 원활한 의사소통이 가능할까요? 그러다 보니 부모와 자식 간의 대화가 단절되는 경우가 많습니다. 자녀들이 학교생활에서 겪는 갈등을 부모에게 전달하기 어렵습니다. 이러한 대화의 단절은 자녀들이 부모에 대하여 실망감을 느끼는 주된 요인이 되기도 합니다.

가끔 자녀들이 한글을 배우면 영어 발음 억양이 달라질까 두려워 한글을 가르치지 않는다는 부모도 있는데, 이러한 염려는 전문인의 연구 결과나 실제적으로 두 언어를 동시에 가르친 부모들의 경험으로 볼 때 하나의 기우에 불과합니다. 이러한 점에서 자녀들의 한글 교육을 책임지는 것은 자녀들과의 대화 통로를 확보한다는 차원에서 매우 중요한 일입니다. 따라서 부모가 바쁘다는 이유로 한글 교육을 시키지 않는다는 것은 부모들을 위해서라도 결코 바람직하지 못한 것입니다.

3) 이중 언어 구사는 주류사회에서 보다 큰 영향력을 미칠 수 있도록 합니다.

북미에 사는 한인 2세들만 연구해 보아도 초, 중, 고등학교를 거치면서는 한국어에 대한 중요성을 모르다가 대학교에 입학하면서 이중 언어 교육의 필요성을 절감하고 있습니다. 실질적으로 주류기업체에서 동양인을 신입사원으로 채용하는 경우 그들의 배경을 통해 기업의 홍보와 실적을 양산하고자 하는 목적을 가질 때가 대부분입니다. 한국 배경을 가진 한인 2세를 채용할 때는 한국 기업과의 관계를 다지고 한국인들과의 의사소통의 통로를 만들기 위한 경우가 많습니다. 그런데 막상 이러한 목적에서 한인 2세를 기용했는데 오히려 미국인들보다 한국에 대해서 더 무지하고, 미국인보다 한국어를 모를 경우 그 결과가 어떻게 나타나겠습니까?

지금 세계는 글로벌 리더를 양성하는 목표를 지향하고 있습니다. 세계 속에 글로벌 리더가 되기 위해서 이중 언어 구사는 필수입니다. 한인 교회는 한국어를 가르칠 수 있는 좋은 기회를 효과적으로 살려야 합니다. 한인 교회에서 한국어를 가르칠 수 있는 많은 교사가 있다는 것은 우리 자녀들에게 큰 축복이라고 할 수 있습니다.

❖ 이중 언어 구사자의 장점 도표[22]

이중 언어 구사자의 장점	
현재 발표되어 있는 이중 언어 사용과 이중 언어 교육의 장점들은 다음과 같다.	
의사소통의 장점	1. 보다 광범위한 의사소통(확대가족, 커뮤니티, 국제적인 유대, 직장)
	2. 두 언어로 읽고 쓰기(literacy)
문화적 장점	3. 보다 폭넓은 문화적응, 보다 깊은 다문화주의, 두 가지 언어세계의 경험
	4. 보다 넓은 포용력, 인종차별주의의 감소
인지적 장점	5. 사고력(창의성, 의사소통의 민감성)
성격적인 장점	6. 자부심의 고양
	7. 안정된 정체성

22) 콜린 베이커 저, 『이중 언어 교육 길라잡이』, (서울: 넥서스, 2006), p. 21.

교육과정의 장점	8. 교육과정 성취도의 증가
	9. 제 3언어 학습의 용이함
경제적 장점	10. 경제적 이점과 취업의 장점

"이중 언어 구사자는 단일 언어 구사자보다, 더 다양한 사람들과 의사소통을 할 수 있는 기회를 가질 수 있습니다. 가까운 나라든, 먼 해외여행이든, 어떤 국가를 여행할 때, 이중 언어를 구사하는 자녀들은 자신의 언어가 주는 뚜렷한 장점, 즉 새로운 관계를 쉽게 만들어 갈 수 있습니다. 사회적, 문화적, 경제적, 개인적 관계와 의사소통의 장점 외에도 이중 언어 구사자들이 사고에 있어서 특별하게 유리한 점이 있다는 연구결과도 있습니다. (예: 영어로 'kitchen', 불어로 'cuisine') 이것은 일반적으로 두 단어와 각 개념이 느슨하게 차이가 난다는 것을 의미합니다. 때때로 언어는 다양한 함축성을 가집니다. 예를 들면, 영어에서 Kitchen은 전통적으로 힘든 일을 하는 장소입니다. ('tied to the kitchen sink' '집안일에 매여 살다'의 관용구처럼) 프랑스에서의 'cuisine'의 의미는 창의력을 위한 장소이고, 가족이 모여서 밥을 먹을 뿐만 아니라 사회화를 이루어가는 장소입니다. 각 단어에 대한 약간씩의 다양한 결합이 이루어지면서, 이중 언어 구사자들은 좀 더 자유롭고 유연하며, 창의적으로 사고할 수 있게 됩니다. 두 언어 간의 자유로움은 언어에 대한 깊이 있는 자각과 의사소통에 대한 예민한 감수성으로 이끌어 줍니다."[23]

4) 이중 언어 구사는 지성적 발달과 학업성취에 유익합니다.

나는 개인적으로 첫 아이를 갖고 난 뒤에 반드시 이중 언어 구사자로 키우겠다는 마음을 가졌습니다. 그래서 집안에서는 절대 영어를 못 하게 하였고 오직 학교에서만 영어를 하도록 가르쳤습니다. 미국에서 학교를 다니기에 시간이 조금 지나면 자연스럽게 영어를 하게 될 것이라는 생각이었습니다. 첫 아이가 초등학교 1학년에 입

23) 콜린 베이커. 23-24쪽.

학한지 6개월 뒤 우연히 학교에 방문하여 아이의 수업에 참관할 기회가 있었습니다. 아이는 수업하는 내내 교사가 물어 오는 질문들을 이해하지 못했는지 제대로 반응하지 못하고 멍하니 있는 것이었습니다. 나는 아이의 학교에 다녀온 뒤에 큰 충격을 받았습니다. 그동안 이중 언어 교육을 시키겠다는 명분하에 미국에서 '바보'처럼 살도록 만들었구나 하는 자책감 때문이었습니다. 아빠 엄마가 영어를 하지 못하는 것도 아니고 1.5세로서 집에서 마음만 먹으면 영어를 가르칠 수 있음에도 불구하고 '나의 교육방법이 잘못 되었구나'라고 생각했습니다. 그래서 이중 언어 교육에 대해서 구체적인 연구를 시작했습니다.

1962년 캐나다에서 필(Peal)과 램버트(Lambert) 교수가 불어와 영어, 이중 언어를 구사하는 10세 학생들과 영어만 구사하는 학생들을 비교하였습니다. 그리고 이중 언어를 구사하는 학생들이 지적으로 더 뛰어나다는 것을 발견하였습니다. 여러 언어를 구사하게 되면 개념에 대한 형성과 분리의 지적 능력이 오히려 높아진다는 것을 알게 되었습니다. 논리력과 창의력에도 도움이 됩니다. 상상력이나 공간을 이해하는 실력이 늘고, 여러 문화권의 사상을 소화하는 넓고 깊은 사고력이 생기게 됩니다.

하버드대 출신인 트래시 토쿠하마 에스피노사(Tracey Tokuhama-Espinosa)도 『떠오르는 다중언어로 말하는 어린이들(Raising Multilingual Children)』(2001)이라는 책을 통해 이중을 넘어 다중 언어 교육이 지능계발에 왜 좋은지를 설명하고 있습니다. 그녀에 따르면, 모국어는 왼쪽 뇌를 사용하고, 나중에 배우는 언어는 오른쪽 뇌를 사용한다고 합니다. 그런데 출생부터 일 년 가까이 이중 언어를 접한 아이는 더 넓은 왼쪽 뇌를 사용한다는 것입니다. 이 말은, 모국어가 하나만이 아닌 두 개가 될 수 있다는 결론입니다. 어려서부터 이중 언어를 접하게 되면 두 언어를 모국어처럼 구사하게 된다는 발견입니다. 한 살이 지나서 배우게 되는 언어는 오른쪽 뇌를 사용하게 되니 다중언어 교육은 양쪽 뇌를 모두 활용하게 만드는 것입니다.

이중 언어 구사력이 정말 학업에 도움을 주는지 달라스-포트워스 지역 한인 2세들을 대상으로 한 2006년 통계를 보면 알 수 있습니다. 이 통계에 의하면, 한국어 구사력이 '아주 잘함'인 이중 언어권의 자녀가 영어만 하는 한미 2세 자녀보다 성적이 더 높다는 것을 알 수 있습니다. 그 차이는 중학교에서 고등학교로, 또 대학교로 가면서 더 심해집니다. 이 통계는 또한 한국어와 영어, 양쪽 언어를 모두 잘하는 2세 자녀가 대학교에 입학하는 확률이 영어만 하는 자녀보다 훨씬 높다는 것을 나타내고 있습니다.[24]

❖ 한미 2세 자녀의 한국어 구사력과 학교 성적 비교[25]

한국어 구사력	아주 잘함	보통	거의 / 전혀 못 함
중학교 GPA	3.6	3.46	3.39
고등학교 GPA	3.69	3.45	3.23
대학교 GPA	3.44	2.65	2.29

*GPA: Grade Point Average (학교 평점을 의미함)

그리고 이러한 연구 결과를 토대로 결국 첫째 아이에게 집에서는 계속해서 한국어만 교육했습니다. 그 후 3학년이 된 첫째 아이의 영어 성적은 초등학교 1학년 이후 줄곧 만점에 가깝습니다. 그리고 지금은 한국어와 영어를 모두 자유롭게 구사하게 되었습니다. 가끔 학교에 새로 이민 온 한인 학생들이 입학하면 교사들이 내 아이를 불러 통역을 하도록 부탁합니다.

이민 교회에서는 다양한 프로그램과 제도를 만들어 교회 교육이 단순히 성경적 지식만을 전달하는 과정이 아닌 바른 뿌리 교육과 문화 교육을 시키는 장이 되도록 노력해야 할 것입니다. 아울러 가정에서 이중 언어 교육을 할 수 있도록 적극 격려해 주어야 합니다. 1세대들이 이민 온 목적은 대부분 자식 교육이었지만 먹고 살기

---

24) 2008년 3월 12일, 〈미주기독일보〉, '이중 언어문화로 차세대 기독교 교육 모색한다' 기사에서 발췌.
25) 2008년 3월 12일, 〈미주기독일보〉.

가 급급해 자녀와 많은 대화를 나누지 못하고 있습니다. 그래서 자녀교육의 방향에 대한 이해가 서투른 것을 알 수 있습니다. 이민가정이 가지고 있는 특성을 통해 2세 자녀들에게는 보다 효과적인 교육을 추구해야 하겠습니다.

대안 4
2세 사역자 양성하기

나는 지난 14년간 사역하면서 사역의 성공여부는 인격적으로나 목회적으로 잘 준비된 목회자를 찾아 적재적소에 배치하는 일이라는 것을 깨닫게 되었습니다. 특별히 이민 교회에서 신앙과 인격이 잘 갖추어진 2세 사역자를 찾기란 그야말로 '하늘에서 별 따기'입니다. 주변의 여러 사역자들과 교류할 때마다 항상 부탁하는 내용이 "좋은 2세 사역자 없습니까? 추천 좀 해 주세요."라는 것입니다. 이민 교회 2세 사역이 안고 있는 가장 큰 장애물은 바로 리더십의 부재입니다. 신학교에 입학하는 1.5세나 2세들이 좀처럼 많지 않은데다가 그나마 신학교를 졸업한 2세 사역자들도 체계적으로 목회를 배우고 익힐 수 있는 기회가 없었기 때문에 사역하면서 많은 시행착오를 겪고 있습니다. 무엇보다도 1세 목회자와의 관계에서 갖는 갈등과 어려움으로 심지어 목회지를 떠나는 현상까지 나타납니다.

한인 교회에서 2세 사역자를 찾기 어려운 이유가 많이 있겠지만 몇 가지 이유를 들자면 다음과 같습니다.

1. 2세 사역자가 전임으로 사역할 수 있는 한인 교회가 많지 않기 때문입니다.

현재 영어를 할 수 있는 파트타임 2세 사역자를 청빙하는 한인 교회는 많이 있습니다. 하지만 북미 한인 교회 가운데 80% 이상이 미자립 교회라는 것을 전제할 때 2세 사역자들의 기본적인 생활을 보장해 줄 만한 한인 교회가 별로 없다는 결론이 내려집니다.

2. 한인 교회 1세 지도자들이 2세 사역자들과의 문화와 사고의 차이에 대해서 이해하지 못하며 그들을 사역자로서 존중하지 않기 때문입니다.

1세 목회자가 2세 목회자를 존중하는 분위기가 조성될 때 2세 목회자의 수는 늘어날 것입니다. 그러나 현재 2세 사역자들은 1세 사역자들이 그들 사역의 걸림돌이라는 생각을 하기도 합니다.

3. 각 교회마다 좋은 2세 사역자를 청빙하는 것에는 혈안이 되어 있지만 좋은 2세 사역자를 양성하는 데는 무관심하기 때문입니다.

결국 지도자를 배출하지 않는데 어디서 지도자를 찾을 수 있겠습니까? 한인 교회 내에서 2세 사역자를 양성하는 일이 시작되지 않기에 공급이 불가능한 것입니다.

따라서 2세 교회의 미래는 얼마나 효과적으로 2세 목회자들을 준비시키고 양성시키느냐에 달려 있다고 해도 과언이 아닙니다. 많은 한인 교회 1세 지도자들이 2세 사역자 키우는데 깊은 관심을 가지고 앞장서야 할 것입니다. 각 교회 내에서 신학교에 진학하고자 하는 헌신된 2세들이 있다면 적극적으로 장학금을 수여하고, 목회에 대한 경험을 쌓도록 지원하여야 합니다. 나는 개인적으로 일주일에 한 차례 이상 2세 신학생들과 만나고 목회인턴십을 진행합니다. 그러다 보니 내가 섬기는 교육부서 가운데 공석이 생길 때 인턴십을 받고 있는 학생 한 명을 선정하여 쉽게 청빙을 할 수 있습니다. 이미 소속되어 있는 교회에 대한 깊은 이해가 있을 뿐만 아니라 나를 통해서 목회 훈련을 받고 있었기 때문에 자연스럽게 리더십에 대한 존중심이 생기기 때문입니다.

목회자는 처음부터 준비되어 태어나지 않습니다. 물론 많은 성도들과 또 1세 목회자들은 다 준비된 2세 목회자가 와서 목회해 주기를 원합니다. 2세 목회자가 부임하자마자 교회를 부흥시키고, 성도들의 요구를 다 수용하고, 1세들과도 효과적인 관계를 맺기 원합니다. 그러나 목회자는 오랜 시간을 통해서 연단되고 준비됩니다. 어떤 목회자도 처음부터 준비되어 태어나는 경우가 없습니다. 그 누군가는 2세 목회자들을 세워주고, 양육하고, 섬겨 주어야 합니다. 1세 목회자와 성도들은 2세 목회자를 바라보면서 있는 그대로 인정하고 부족한 부분은 기다려 주고 도와줄 수 있어야 할 것입니다.

한인 교단들 역시 의도성을 가지고 2세 사역자를 세우는데 주력해야 합니다. 현재 북미에 존재하는 많은 한인교단이 있습니다. 그리고 그 가운데는 주류 교단과 어깨를 마주 대할 만큼 큰 교단도 있습니다. 그러나 한인교단에서 차세대 2세 지도자들을 양육하기 위해 노력하는 모습은 보기 어렵습니다. 총회와 노회등 공적인 모임에는 대부분 1세 목회자들이 임원직을 맡고 있고 거의 모든 회의를 한국어로만 진행합니다. 심지어 목사안수를 받는 과정도 2세들을 위하여 배려한 클래스가 없고 과거 한국에서 1세 목회자들이 경험한 목사안수 과정을 그대로 답습하고 있는 것이 현실입니다. 무엇이 옳고 그르다를 논하는 것이 아닙니다. 차세대 리더들을 세우기 위해서는 그만큼 1세들의 희생과 헌신과 섬김이 따른다는 사실을 자각하여야 합니다. 교단적으로 2세 사역자 양성프로그램을 개발할 시기가 지났습니다. 아울러 1세 목회자들이 가지고 있는 긍정적인 영적 유산을 물려주기 위하여 효과적인 멘토링 프로그램도 시작할 필요가 있습니다. 2세 목회자들이 교회 개척을 준비한다면 교단이 주도하여 지원하고 힘을 실어 주어야 할 것입니다.

1세 사역자들이 2세 사역자들을 양성하는데 직면하는 큰 어려움 가운데 하나가 언어적 문제입니다. 그렇기에 1.5세 사역자들이 이 일을 위해 앞장설 필요가 있습니다. 이중 언어가 가능하고 양쪽 문화에 대한 이해가 있는 1.5세 사역자들은 1세와 2세 목회자가 협력할 수 있는 분위기를 조성하여야 합니다. 그들이 함께 연합할 수 있도록 다리 역할을 감당해야 합니다.

얼마 전 내가 속한 교단(KPCA-해외한인장로회)에서 진행하는 2세 사역자들을 위한 컨퍼런스에 다녀왔습니다. 뉴욕에서 목회하는 한인 1.5세 목사가 강사로 초빙되어 '2세 사역자들이 1세 사역자들과 효과적인 관계를 맺는 법'이라는 주제로 강의가 이어졌습니다. 컨퍼런스 주제 자체가 매우 특이하여 많은 기대를 가지고 강의를 들었습니다. 강사는 지난 20여 년 간 한인 교회에서 부목사로서 사역했던 경험과 영어목회 사역자로 섬겼던 경험을 나누었습니다. 그리고 지금까지 건강한 1.5세 목회자로 성장할 수 있었던 배경 중 하나가 자기를 위해 아낌없이 지원하고 격려해 준 1세 목회자들이 있었기 때문이라고 하였습니다.

한 번은 이 분이 뉴욕에서 목회를 하고 있을 때 LA의 큰 한인 교회 담임 목사로부터 초청을 받아 하와이에 간 적이 있었다고 합니다. 가족 모두의 비행기표가 우편으로 발송되어서 하와이로 갔는데 아주 좋은 호텔에 자기와 비슷한 처지에 있는 1.5세와 2세 목회자들 세 가정이 함께 모였다고 하였습니다. 며칠 가족들 모두가 서로 교제하고 시간을 보냈는데 그 모든 비용은 LA에서 오신 1세 목사가 부담했다고 합니다. 일정을 모두 마치고 각자가 섬기는 목회지로 돌아가려고 하는데 1세 목사는 그 세 가정의 가족 모두들을 위해 여러 선물을 나누어 주었다고 합니다. 많은 돈을 들여서 1.5세, 2세 사역자들을 초청해 이러한 기회를 만들어 주었던 이유에 대해서 묻자 1세 목사는 "그저 1.5세와 2세 사역자들을 세워 주고 격려해 주고 싶었다."는 말을 남겼답니다. 나는 컨퍼런스 강의 중 이 간증을 들으면서 가슴이 뭉클해졌습니다. 그리고 속으로 "나도 저 분처럼 사람을 키우는 목사가 되어야겠다."는 다짐을 해 보았습니다. 하나님께서 직접 리더를 키우고 세우시지만 리더를 키우시고 세우실 때 반드시 사람을 통해 역사하십니다. 우리 이민 교회의 사명은 이 시대를 변화시킬 만한 하나님의 일꾼들을 많이 양성하고 배출하는 것이라 확신합니다.

교회 학교 전문가 세우기

처음 사역을 시작한 때 내 나이는 22세였습니다. 하나님의 부르심을 받고서 처음 목회자의 길에 들어섰을 때의 감정은 아직까지 잊을 수가 없습니다. 설교 한 번을 하기 위해서 강대상에 올라가 20번이 넘도록 예행 연습을 했습니다. 중, 고등부 학생 한 사람 한 사람을 알아가기 위해서 하루에도 두 시간 이상 전화기에 붙어 있는 것이 일상이었습니다. 그러던 중 하루는 캐나다에서 태어난 민정이와 전화통화를 할 기회가 있었습니다. 일상적인 안부와 조금 무료하다 싶은 대화가 오고가던 중 민정이는 제게 갑자기 이렇게 물었습니다.

"When are you leaving?" (교회 언제 그만 둘 거예요?) "아니, 난데없이 이게 무슨 소리란 말인가? 이제 교회에 부임한 지 한 달도 되지 않은 전도사에게 언제 교회를 그만 둘 것이냐는 질문을 할 수 있단 말인가?"

당시에 잠깐 넋을 잃었지만 하나님의 은혜 가운데 지혜롭게 대처할 수 있었습니다.

"글쎄, 내가 이 교회에 부임한지가 오래되지 않아 언제 떠날 것을 생각한 적이 없단다. 앞으로 하나님께서 특별한 계시를 주시지 않는 이상 계속 있을 예정이란다."

대화는 그렇게 자연스럽게 끝났지만 아무리 생각해도 그다지 유쾌하지 않았던 전화통화였습니다. 그리고 나는 그 전화통화 내용을 잊은 채 사역 시작 2년 뒤에 한국에 나가게 되어 사임을 하게 되었습니다. 교회 사임을 앞두고 마지막 수련회를 인도할 때 일이었습니다. 개인적으로 마지막 수련회라는 것을 알고 있었기에 아이들에게 최선을 다해야겠다고 생각했는데 수련회 내내 너무나도 많은 어려움들이 있었습니다. 서너 명이 수련장을 이탈하여 담배를 피우기도 하고 또 수련회 중에 학생들이 심하게 다투어 수련회 내내 진행이 어려웠습니다. 나는 속으로 "내가 떠나기를 잘했다."라고 생각했습니다. 이제 수련회 마지막 날 저녁 이들을 위해서 언제 또 만날까 싶어 중보하며 기도하는 시간을 갖았습니다. 약 40명이 참석한 수련회에서 한 학생 한 학생을 일일이 찾아가 손을 잡고 기도하는데 성령님의 역사를 친히 경험하는 계기였습니다. 학생들을 위해서 기도하면서 마음이 얼마나 간절해지는지 아이들 40명 모두를 위해 기도하고 나니 밤 10시에 시작했던 기도시간이 끝나자 새벽 3시 30분이 넘었습니다. 감사의 눈물이 나서 뒤에 조용히 앉아 쉬고 있는데 40여 명의 학생들 모두가 내게로 다가왔습니다. 그리고는 "우리도 떠나는 전도사님을 위해서 기도할 수 있을까요?"하는 것이었습니다. 학생들이 나를 빙 둘러서 몇 분이 지나도록 얼마나 간절하게 기도해 주던지 그 감동은 지금도 잊을 수 없습니다. 모든 수련회 일정을 은혜 가운데 마치고 난 뒤에 처음 부임 당시 "언제 떠날거냐?"는 질문을 했던 민정에게 찾아갔습니다. "전도사님이 전에 너와 전화할 때 네가 했던 질문 기억하니?", "기억하고 말고요.", "그 때 왜 그런 질문을 했는지 물어봐도 되겠니?" 그러자 민정이는 조용히 눈물을 흘리며 그에 대한 이유를 설명해 주었습니다. 민정이는 같은 교회 중, 고등부에서 5년 동안 있었는데 그 기간 동안 다섯 명의 사역자들이 거쳐 갔다고 했습니다. 그래서 내가 교회에 처음 부임했을 때에도 곧 떠날 사람이라면 정을 주고 싶지 않아서 물어봤다는 것이었습니다. 그 이야기를 듣고서 민정이와 한없이 울었던 기억이 있습니다. 그리고 나는 같은 교회에서 더 오랫동안 사역하지 못하고 한국으로 떠나는 것을 얼마나 후회했는지 모릅니다.

많은 사역자들이 교회 학교 사역 자체를 더 큰 목회나, 더 중요한 자리로 나아가는 징검다리로 생각합니다. 특별히 한인 교회에서는 목회의 전문성을 그다지 중요시여기지 않습니다. 그렇기 때문에 교회 학교 사역을 10년, 20년 했다면 오히려 의아하게 여기는 사람들이 많습니다. 그리고 교회 학교 사역자가 한인 교회에서 오랫동안 섬긴다고 해도 장년사역을 맡고 있는 부목사들과 대우 면에서 차별을 두는 경우가 대부분입니다. 보다 효과적인 교회 학교 운영을 위해서는 교육 전문 사역자들을 양성하고 더 많은 지원과 후원을 해야 합니다.

목회자들도 한 교회에서 장기간 사역할 때 목회의 영향력이 커진다는 것을 인식할 필요가 있습니다. 벌써 10여 년 전 처음 중, 고등부를 맡아 전도사로 섬길 때의 일입니다. 당시 나는 목회경험이라고는 전혀 없는 초보 전도사이었습니다. 학생들에게 사역의 방향을 어떻게 제시할지도 몰랐던 데다가 매 주일 설교하는 것과 금요 모임을 인도하는 것이 너무나도 큰 부담이었습니다. 그래서 이런저런 책을 뒤지던 중에 마크 드브리스 목사가 저술한『청소년 사역 이젠 가정이다(Family Based Youth Ministry)』(성서 유니온)라는 책을 읽게 되었습니다. 그 책을 읽으면서 얼마나 큰 도전과 감동을 받았는지 곧 저자의 연락처를 알아내서 전화를 했습니다. 그리고 이런저런 질문을 하다가 마지막에는 "Would you be my mentor?(나의 멘토가 되어주시겠습니까?)"이라고 요청했습니다. 당시 마크 목사는 저의 제안에 흔쾌히 허락하였고 그 뒤 그분을 직접 만나 목회적인 다양한 조언을 구할 수 있었습니다. 한 번은 마크 목사가 목회하는 현장에 직접 찾아간 적이 있었습니다. 당시 나를 놀라게 했던 것은 마크 목사가 같은 교회에서 20년이란 세월 동안 중, 고등부를 담당하고 있었다는 것이었습니다. 그분은 지금까지도 내쉬빌 제일 장로교회에서 교육목사로 중, 고등부와 교육부를 총괄하고 있습니다.

내쉬빌을 방문하던 중 기회를 만들어 어떻게 한 교회에서 그렇게 오랫동안 중, 고등부 사역만을 담당할 수 있는지에 대해서 물었습니다. 그러자 과거 고등학교 시절에 본인이 직접 경험했던 이야기를 해 주었습니다. 이 분이 고등학교 시절에 교회를 다니는 동안 2년 주기로 담당 사역자가 바뀌었다고 합니다. 그런데 그러한 와중에도 같은 부서에서 20년 넘도록 한결같은 모습으로 섬기시던 교사 한 분이 계셨다고 합니다. 그 분 때문에 목회자가 없는 기간에도 큰 어려움 없이 중, 고등부 모임이 진행되었습니다. 그 교사는 한 부서에서 20년 간 봉사하다 보니, 어느덧 60이 넘은 나이가 된 것입니다. 학생들과 세대차도 많이 나고, 학생들의 눈높이를 맞춰 주기에도 어려워졌습니다. 하지만 한 부서에서 오랫동안 섬기다 보니 그 분의 존재만으로도 학생들에게 영향을 미칠 수 있었다고 합니다. 많은 학생들이 그 분을 바라보면서 커서 성경 공부 교사가 되겠다고 다짐했고, 수십 년이 지난 지금 그렇게 봉사하고 있다고 합니다. 마크 드브리스 목사도 그 학생들 가운데 한 명이었습니다. 그는 교사가 아닌 목사가 되어 한 교회에서 25년 동안 사역하고 있는 것입니다. 이 분이 학생들의 삶에 얼마나 큰 영향을 미칠지는 쉽게 예상할 수 있습니다. 처음 부임할 당시 학생들은 이미 장성하여 교회의 장로와 집사가 되었습니다. 같은 교회에서 섬겨온 지난 25년 동안 담임목사가 세 차례나 바뀌었습니다. 교육 부서를 담당하는 목회자는 오래 섬길수록 존중을 받게 됩니다.

오늘날 한인 교회의 중, 고등부 사역자도 1-2년 주기로 바뀌지 않나 생각됩니다. 훈련받은 전문적인 교회 학교 지도자가 없는 경우 교회 학교 내에 바른 교육 철학을 세우기가 어렵습니다. 현재 이민 교회에서는 너무나 자주 목회자가 바뀌기 때문에 2세들이 신앙적으로 긍정적인 영향을 받기가 어려운 실정입니다. 전문적인 교회 학교 지도자를 세우기 위해서 먼저는 교회에서 전문 사역자를 꾸준히 양성해야 합니다. 또한 교회 내 전문사역자들에게 걸맞는 대우와 처우를 해 주어야 합니다. 효과적인 사역이 이루어지기 위해서 이민 교회 내 팀 목회는 불가피합니다. 너도 나도 할 것 없이 모두가 단독 목회만을 추구하지 않고 각자에게 허락하신 은사대로 전문 분야를 선택하여 열정을 쏟을 수 있는 사역의 장이 속히 열려지기를 소망합니다.

가정과 끊임없는 연계를 통한 교회 교육 활성화 필요

앞서 언급한 마크 드브리스 목사가 섬기는 내쉬빌 제일장로교회에 방문했을 때의 일입니다. 당시 그분이 저술한 책을 읽고서 너무나 신선한 도전과 감동을 받은 나로서는 그분이 사역하는 모습을 보고 배워야겠다고 마음 먹었습니다. 그리고는 한 순간에 비행기를 타고 토론토에서 내쉬빌로 날아갔습니다.[26] 도착하자마자 그 교회의 금요 모임에 참석했는데, 학생들이 겨우 45명쯤 출석하였습니다. 속으로 "설마 훨씬 더 많이 모이겠지?"라고 생각하며 기다리고 기다려도 그 날 금요모임에 참석한 학생은 45명이 전부였습니다. 당시 내가 섬기던 부서에도 50명이 넘는 학생이 참석했었습니다. 나는 속으로 "실정도 제대로 모르고 괜스레 멀리까지 왔구나?"라고 생각했습니다. 그런데 모임을 참석하면서 한 가지 흥미로웠던 사실은 모임 내내 연세가 지긋한 장년 성도들이 20명 정도 나와 지켜보고 있는 것이었습니다. 나는 모임 후에 그에 대한 이유를 물었습니다. 그리고 그 교회 내에는 장년 성도와 중, 고등부

---

26) 저자는 고등학교 2학년 재학 중에 한국에서 캐나다 토론토로 이민을 갔으며 그곳에서 17년간 거주하다가 지난 2006년에 미국 LA로 이주하였음.

학생이 한 명도 예외 없이 기도후원자 협약을 맺어 영적 부모와 자식의 관계로 존재한다는 것을 알게 되었습니다. 이것은 교회 안에서 믿음의 가정을 만들어 학생들의 삶에 긍정적인 영향을 미치도록 하기 위함이었습니다. 장년 성도들은 중, 고등부 학생들의 생일, 졸업식, 각종 절기 등을 세밀하게 챙길 뿐 아니라, 교회 내 모임이 있을 때는 직접 참여하여 기도해 주는 시간을 갖습니다. 한인 교회에서는 쉽게 시도할 수 없는 너무나도 아름다운 사역을 보면서 잠시나마 모이는 숫자로 인하여 편견을 가졌던 나 자신을 돌아보게 되는 시간이었습니다.

실타래처럼 얽힌 교회의 미래, 그 활로를 찾아서

KAME "가정과 함께"… 6차 컨퍼런스서 실천방안 제시

〈미주기독일보〉, 2009년 2월 19일

누가는 예수의 어린 시절을 "그 지혜와 그 키가 자라가며 하나님과 사람에게 더 사랑스러워 가시더라"고 적고 있다. '교회의 미래'라 불리는 교육부의 역할 역시 이 성구가 출발점이자 목표점일 수 있다. 어떻게 하면 예수를 닮은 영혼으로 먼저는 하나님께, 그리고 세상 가운데 사랑 받는 영혼으로 키울 것인가를 늘 묻게 된다. 더구나 교회 발전의 터전이자, 미래 교회 부흥의 바로미터로 불리는 교육부니 그 역할과 사명은 교회 내 어느 부서와 비교해도 결코 작다고 할 수 없을 것이다. 하지만 과연 현실은 어떠한가.

◀ 교회 교육부 사역자들이 한자리에 모였다. 이들의 미소만큼이나 밝고 희망찬 내일의 한인 교회를 기대해본다.(맨 왼쪽의 홍일점 케이시리 전도사부터 시계방향으로 크리스유, 디모데김,아브라함정,권상길목사와 홍준기 전도사.
ⓒ 이재학 기자

19일 오전 나성영락교회 내 한 소회의실. 교육부를 섬기고 있는 일선 사역자들이 하나 둘 모여들었다. 바로 남가주한인교육사역자협의회(이하 KAME) 임원 및 회원들이 한달 여 앞으로 다가온 교사 컨퍼런스를 앞두고 회의하는 자리였다. 회장 디모데 김 목사(동양선교교회), 부회장 권상길 목사(나성영락), 총무 아브라함 정 목사(온누리)를 비롯해, 케이시 리 전도사(주님의영광), 크리스 유 목사(충현선교), 홍준기 전도사(나성영락) 등이 함께 했다. 자연스레 일선에서 겪는 사역의 내밀한 어려움도, 내일의 당찬 비전도 심심찮게 흘러 나왔다.

먼저는 교회가 1세 장년 위주로 움직이다 보니 영유아와 한영 대학생까지를 품고 가는 교육부가 교회의 사각지대로 전락할 소지는 다분하다. 장년 재적교인이 몇 천을 넘겨도 주일학교 학생을 보기 힘든 것도 외면할 수 없는 현실. 어쩌면 몇 십 년 뒤의 한인 교회를 오늘날 투영해서 보는 것일 수 있다. 문제의 심각성이 여기에 있다. 내일의 일꾼을 양성하는 교육부이지만 단지 다음의 목회 단계로 가는 하나의 징검다리로 인식되는 것도, 경력이 쌓여도 엇비슷한 장년부 담당 사역자보다 적은 보수를 받는 것도 새삼스럽지 않다. 그렇다 보니 전문성을 갖고 한자리서 진득하게 일할 환경도, 모든 걸 감안하고 투신하는 사역자를 기대하는 것도 힘든 상황이다. 부모 역시 영적인 성장은 교회에 내맡기는 경우가 대다수라고. KAME이 부지런히 교회의 1세 담임목회자와 부모세대를 동시에 만나며 교회와 가정에서의 교육적 상관관계를 인식시키고 협력관계를 모색하고자 하는 것도 이와 같은 이유다.

이 실타래를 어디서부터 풀어갈까. 이제는 가정에서 그 실마리를 찾자는 게 권상길 목사의 지론이다. 고등학교를 졸업하면서 70% 이상이, 그나마 나머지는 대학교를 졸업하면서 90% 가까이 한인 교회를 떠난다는 이 '소리 없는 탈출'은 표면적으로는 교회 교육의 분명한 실패다. 하지만 권 목사는 "안타깝지만 핵심은 가정의 영적 교육이 실패했기 때문"이라 진단한다. 한 기관의 조사결과 보통 청소년이 일 년에 3천 시간 가량을 가정에서 보낸다. 하지만 교회 학교는 50시간 정도, 일차적인 영적

롤모델이 부모일 수밖에 없는 이유다. 자녀의 영적인 기초를 좌우하는 데 부모가 주변부일 수는 없다는 것. 그래서 가족 친화적이며 교회와 가정이 연계한 교육시스템의 시급한 구축이야말로 이 누수현상을 근본적으로 막을 수 있다는 결론이다. 물론 교회의 근시안적인 성장론도 수술이 필요하다. 실제 교회 학교가 장년부 유입의 중요한 통로이자, 최근 부모들의 교회 정착에 중요한 기준이 되고 있다는 현장의 소리다. 결국 디모데 김 목사는 "패러다임의 변화가 필요하다. 교회는 분명 학원이 아니다. 일반 학원 보내듯 영적인 성장을 교회에 일임하는 것은 분명 문제다. 부모가 자녀 신앙의 또 다른 한 축이 되어야 한다."고 덧붙인다.

책임을 전가하는 차원이 아니다. 가정에서 부모와 자녀 간 문화적 차이와 언어적 장벽을 해결하려는 노력 없이 모든 걸 교회에 떠넘겨 뭔가 해답을 찾아 달라는 식은 곤란하다. 자녀의 학교에서 요청하는 미팅에는 꼭 참석하면서 교회가 자녀 교육을 위해 초청하면 냉담한 현실은 과연 어떤가. 실제 한 교육 목사는 자신이 속한 교회가 한인 교회 중에는 그래도 손꼽히는 대형 교회인데 부모 초청 세미나에 10여 명이 참석한 걸 보고 좌절할 뻔 했다고 말한다. 자녀만큼은 꼭 대형 교회에 보내 잘 갖춰진 시스템을 누리게 하는 것도 일종의 편법이지 성경적 해답은 될 수 없다.

정리하면, 교회가 전문화된 프로그램과 성경 말씀으로 자녀의 신앙을 일정 부분 키워 줄 수는 있지만 그것이 자녀의 삶 속 깊이 체화되려면, 인격이 형성되는 민감한 시기에 삶을 나누는 부모의 역할이 지대할 수밖에 없다는 것. 그간 가정에서 해결되지 못한 신앙적 문제들이 교회에 수북이 쌓이고, 열악한 교회 교육 부서는 이를 제대로 소화하지 못해 결국 소리 없는 탈출을 야기하고, 덩달아 2세 사역자 수급은 갈수록 힘든 악순환의 연속이라는 진단이다. 교회의 사각지대와 가정의 사각지대를 동시에 해소하려는 노력이 필요하다는 말도 되었고, 이제는 교회와 가정이 투톱으로 신앙 교육을 책임지는 선수로 뛰어야 한다는 의견이 오갔다.

어쩌면 이미 해답을 가진 셈이다. 다만 그 해답에 도달하기 위해 가정과 교회는 어떤 과정을 서로 밟아가야 하느냐, 어떤 짐을 어떻게 잘 질 수 있느냐 하는 방법론을 공유하는 장이 필요했을 뿐이다.

격년으로 열리는 이번 '제 6차 남가주 교회 학교 교사 컨퍼런스'는 이제 그런 장을 열 때가 되었다는 하나의 외침이다. 재작년 이맘때 열린 5차 컨퍼런스가 교육철학을 바탕으로 교회교육의 이론적인 접근과 패러다임 변화의 필요성을 알렸다면, 오는 3월 21일 오전 8시부터 오후 5시까지 나성영락교회서 열리는 6차는 교회와 가정이 '패밀리 베이스 미니스트리'를 어떻게 실천할 수 있는가를 중점적으로 다룬다.

영어권 주강사는 마크 드브니스(Mark DeVnes) 목사로 Youth Ministry Architects의 창립자며 내쉬빌제일장로교회 청소년담당 부목사로 현재까지 30여 년을 한 자리서 섬기고 있다. 특히 저술한 『청소년 사역 이젠 가정이다』(성서유니온)는 가정과 연계된 교회 학교를 꿈꾸는 많은 교회에게 도전과 영감을 주고 있다. 한국어권은 1.5세 권준 목사(시애틀형제교회)가 섬기게 된다. 그 외 영향력 있는 강사의 다양한 섹션강의도 준비되며 일선 교회 학교에 바로 적용할 수 있는 교육 자료를 당일 제공받을 수 있다.

아프리카 속담에 "아이 하나 키우는데 온 마을이 필요하다"는 말이 있습니다. 그만큼 아이들이 태어나서 성장하기까지의 과정 가운데 많은 사람들의 헌신과 노력이 필요합니다. 특별히 한인 교회는 2세 교육을 위해 교육부 내에 가족 친화적인 분위기를 지향해야 합니다.

> 이스라엘아 들으라. 우리 하나님 여호와는 오직 유일한 여호와시니 너는 마음을 다하고 뜻을 다하고 힘을 다하여 네 하나님 여호와를 사랑하라. 오늘 내가 네게 명하는 이 말씀을 너는 마음에 새기고 네 자녀에게 부지런히 가르치며 집에 앉았을 때에든지 길을 갈 때든지 누워 있을 때에든지 일어날 때에든지 이 말씀을 강론할 것이며 너는 또 그것을 네 손목에 매어 기호를 삼으며 네 미간에 붙여 표로 삼고 또 네 집 문설주와 바깥 문에 기록할지니라. _ 신 6:4-9

성경이 말하는 최초의 교육 장소는 가정입니다. 신명기 6장의 말씀은 이스라엘 백성들이 묵상하고 또 묵상하는 쉐마(들으라)라는 교훈인데 성경을 통틀어 이스라엘 백성들의 신앙과 교육의 대헌장이라 할 수 있는 말씀입니다. 그런데 놀랍게도 쉐마에서는 가정 내에서 말씀을 강론할 것을 명령하고 있습니다. 부모된 자는 먼저 하나님의 말씀을 자신의 마음에 새기고, 그 말씀을 자녀에게 부지런히 가르치라고 하셨습니다. 여기 '가르치다'에 해당하는 히브리어 '솨난'은 '찌르다', '뾰족하게 하다'는 뜻입니다. 하나님의 말씀을 가르치되 자녀의 마음과 영혼을 찌르듯 감동시켜 가르치라는 것입니다. 부모가 가지고 있는 중대 사명이 바로 이것입니다. 성경은 자녀교육의 가장 큰 책임을 가정, 즉 부모에게 지우고 있습니다. 가정은 자녀들의 교육 현장으로서의 기능을 최우선으로 발휘하도록 설계되었고 또 그렇게 운영되어야 합니다.

성경에 보면 자녀 교육에 성공을 거둔 가정들이 나타납니다. 노아의 가정이 그중 하나입니다. 100년 동안이나 주위의 따가운 시선을 이기고 방주를 짓는 일에 합심하였고, 거기로 노아와 세 아들과 며느리들까지 함께 들어갔습니다. 창 7:13은 "곧 그 날에 노아와 그의 아들 셈, 함, 야벳과 노아의 아내와 세 며느리가 다 방주로 들어갔고"라고 기록하고 있습니다. 성경에서 말하는 방주는 영적으로 교회를 가리킵니다. 노아의 온 가족이 교회를 통해 구원받은 모습인 것입니다. 노아는 자녀들을 하나님의 말씀으로 강하게 가르쳤음에 틀림없습니다. 그랬기에 자녀들이 그토록 오랫동안 방주 짓는 일에 순종하였고, 그리로 들어가라는 하나님의 기이한 명령에도 순종했을 것입니다. 가정이 하나님의 말씀을 교재 삼아 자녀 교육을 감당해야 합니다. 가정을 학교삼아 자녀교육이 이루어져야 합니다. 가정을 교회 삼아 자녀들을 양육해야 합니다.

아브라함의 가정에서 자란 이삭을 보면 모리아산의 제물로 드려지기까지 아버지 아브라함에게 순종합니다. 아브라함이 어떻게 그런 아들을 배출할 수 있었을까요? 가정을 통해서 가능했습니다. 그동안 아브라함은 아들 이삭에게 하나님께서 어떻게 그 가정을 이끄셨고 지금까지 보호하셨는지를 매순간 이야기해 주고 또 교육하였을 것입니다. 이제 아버지 아브라함이 그를 희생 제물로 드리려고 했던 순간에도, 장성한 청년이 힘이 없어서 아버지께 순종한 것이 아니라 말씀 가운데 순종한 것이 분명합니다. 창 18장 19절에 "내가 그로 그 자식과 권속에게 명하여 여호와의 도를 지켜 공의와 정의를 행하게 하려고 그를 택하였나니 이는 나 여호와가 아브라함에게 대하여 말한 일을 이루려 함이니라"고 기록하고 있습니다. 아브라함을 부르신 목적이 '그를 통해 그 자식과 온 집의 구성원들에게 하나님의 말씀을 가르치기 위함'이라는 말씀입니다. 가정은 최초의 학교이고 부모는 최고의 교사라는 의미가 내포된 말씀입니다.

잠언 22장 6절에도 "마땅히 행할 길을 아이에게 가르치라. 그리하면 늙어도 그것을 떠나지 아니하리라"고 말씀하고 있습니다. 우리는 이제 교회 교육의 시작을 가정에 두어야 합니다. 가족중심적 교회로서 전환하는 이민 교회 2세 모델이 시급하게 필요한 시점입니다. 그렇다면 가족 중심적인 2세 사역이 어떤 의미일까요?

먼저 가족 중심적 2세 사역은 그들의 주요 양육자가 부모라는 성서적 확신에 근거합니다. 오늘날 많은 가정에서 학문적인 교육의 중요성은 깊이 인식하고 있고 그래서 그에 대한 최선의 투자와 배려를 하고 있지만, 신앙 교육에 대한 중요성에 대해서는 무관심합니다. 그래서 대부분의 부모가 자녀 신앙 교육의 책임을 교회에 전가하고 있는 실정입니다. 하지만 교회가 자녀들의 신앙을 위해서 감당할 수 있는 교육적 환경과 시간은 극히 제한적임을 인식해야 합니다. 2세들을 위해 바람직한 모델은 학생들의 영적 발달에 있어서 실제적인 영향력을 미칠 수 있는 부모들을 체계적으로 훈련시키고, 가정에서의 신앙 교육의 중요성을 인식시키는 일을 감당하는 교회입니다.

또한 가족 중심적 2세 사역은 부모가 교육부 사역에 강력한 파트너일 뿐만 아니라 실질적인 도움을 줄 수 있는 사람임을 인식하는 것입니다. 그리하여 자녀가 있는 부모들이 적극적으로 교사로서 헌신하여 봉사할 수 있는 장을 마련하는 것입니다.

"스무 살 된 청소년 사역자는 아이들의 주의를 끄는 데는 효과적일지 모르지만, 아이들과 성인들 사이에 다리를 놓지 못할 경우가 많다. 그 주된 이유는 그 청소년 사역자가 아직은 그 성인 공동체 가운데 정식으로 인정된 회원이 아니기 때문이다. 이것이 그 청소년 사역자의 잘못은 아니지만 오늘날 교회 교육에 있어서 심각한 한계를 드러내고 있다."[27]

물론 벤 패터슨이 지적하고 있는 문제는 오늘날 교회 내 청소년 사역자들이 가지고 있는 한계에 대한 부분이지만 그것은 그대로 교회 교육부 내 교사들의 한계이기도 합니다. 물론 어린 아이일수록 그들의 나이와 큰 차이가 나지 않는 젊은 교사들이 관계할 때 교육의 효과가 증폭된다고 할 수 있습니다. 하지만 교육의 효과 문제를 논하기에 앞서서 젊은 교사들이 얼마나 헌신적이고 질 높은 교육을 추구할 수 있을

---

27) Ben Patterson, 「The Plan for a Youth Ministry Reformation」, Youthworker, Fall 1984, p. 61.

지에 대한 의문을 가질 필요가 있습니다.

지금 내가 섬기는 교회에는 약 300명의 교사가 있는데 대부분의 젊은 교사들은 헌신도면에서 어려움을 보입니다. 교사로서의 자질을 가지고 평가한다면 이미 자녀를 키우고 있던지, 키워본 경험이 있는 부모 교사들이 훨씬 더 뛰어나다는 것을 부인할 수 없습니다. 부모 교사들은 아이들을 향한 열정, 시간적인 헌신, 2세들에 대한 배려심 등 교사로서 지녀야 할 바람직한 자질들이 삶을 통해 이미 준비되어 있는 경우가 많기 때문입니다. 반면에 이제 막 대학을 졸업한 교사들을 보면 일단 그들의 삶 가운데 생길 수 있는 수없이 많은 변수들 때문에 교역자로서 늘 불안한 마음이 있습니다.

교사의 역할을 전적으로 부모에게만 의지해서는 안 되겠지만 교회가 의도성을 가지고 부모 교사와 청년 교사의 적당한 숫자적 조화를 이룰 필요가 있습니다. 2세 교육을 위해 가족 친화적인 토양을 지향한다는 것은 그들의 부모가 교사의 역할을 감당하도록 돕는 데서 시작합니다.

아울러 가족 중심적 2세 사역은 교회가 장기적인 관점에서 2세들에게 실제적인 영향을 갖고자 한다면, 그들의 부모에게도 영향을 미치도록 해야 한다는 것입니다. 교회 교육의 실무를 담당하고 있는 대부분의 사역자를 살펴보면 흥미로운 점을 발견할 수 있습니다. 중, 고등부를 담당하는 사역자가 대부분 젊고 결혼하지 않은, 열정적이고 잘 생긴 사람들입니다. 한국도 그렇고, 미국도 그렇고, 한인 이민 교회는 더 더욱 그렇습니다. 젊은 사역자들은 우리 2세들에게 우상처럼 다가옵니다. 기타도 잘치고, 찬양도 잘하고, 운동도 잘하고, 만능 사역자라고 할 만큼 매력이 있기 때문입니다. 하지만 젊은 사역자들이 가지고 있는 가장 큰 한계라고 하면 부모 세대와 적극적인 관계를 맺고 2세 교육의 일차적인 책임이 가정과 부모에게 있다는 사실을 교회 내에서 인식시키는 데 어려움이 있다는 것입니다.

가족 중심적 2세 사역의 1차적인 목표는 교회가 갖은 노력을 다하여 우리 2세들의 가정, 특별히 그들의 부모들을 건강하게 세우는 일입니다. 이민 가정과 한국 가정의 가장 큰 차이점은 이민을 오면서부터 확대가족(extended family)의 도움이 사라지기 때문에 부모의 역할이 자녀들에게 훨씬 더 중요하게 미친다는 사실입니다. 하지만 이민을 와보면 당장 먹고 사는 일이 급하기에 부모와 자녀가 함께 보내는 시간은 한국에서보다 훨씬 더 줄어듭니다. 그 결과 부모와 자녀 사이에 큰 거리감이 생길 수 있습니다.

벌써 몇 년 전에 인터넷에서 '김정일이 죽었다 깨어나도 한국에 올 수 없는 몇 가지 이유'라는 글을 보고 많이 웃었던 기억이 있습니다.

1. 한국에는 총알택시가 많이 다닌다.

2. 한국에는 비행청소년이 많다.

3. 한국에는 골목마다 대포집이 많다.

4. 한국 남자들은 대부분 폭탄주를 마신다.

5. 한국은 오래 전부터 핵가족화 되어 있다.

김정일이 한국에 오고 싶어도 동네마다 총알택시, 비행청소년, 대폿집, 폭탄주 거기에다가 핵가족이 주를 이루고 있으니 어떻게 올 수 있느냐는 이야기입니다. 이민 가정에서는 핵가족 제도 속 교육 한계를 더욱 절실하게 경험합니다. 한국에 있었더라면 부모 외에도 친척 어른들, 사촌들 등 주변에 많은 성인들이 2세들의 삶에 영향을 줄 수 있습니다. 하지만 이민의 삶 속에서 2세들은 친구들에게 가장 많은 영향을 받습니다. 그렇기 때문에 그들은 건강한 성인을 통하여 바른 인격체로 성장하는데 필요한 안내를 받지 못하는 경우가 많습니다. 한인 교회는 2세들의 이런 현실적 상황을 간파하여 교회 내에서 부모 역할의 중요성을 지속적으로 교육시켜야 합니다. 바른 자녀 교육을 감당하도록 부모를 훈련시켜야 할 책임이 있습니다.

이에 대한 구체적인 방안 가운데는 교육목회자가 학생들의 가정을 자주 심방하여 학생들뿐만 아니라 부모와도 좋은 관계를 유지하는 길이 있습니다. 또한 각 부서별로 정기적인 가정통신문을 준비하여 부모들로 하여금 해당 부서에서 진행되는 구체적인 사역과 방향들을 이해할 수 있도록 돕는 길도 있습니다. 교회는 자녀들이 속해 있는 부서에서 부모가 할 수 있는 역할이 무엇인지에 대해 지속적으로 알리고 도움을 요청해야 합니다. 부모들과 다양한 의사소통 채널을 구비하여야 합니다. 학부모 세미나를 정기적으로 갖는 일, 부모들을 부서 행사에 초청하는 일, 부모들과 함께 모여 자녀를 위해 기도모임을 갖는 일이 그러한 사역의 방편입니다.

아울러 교회 전체가 가족 친화적인 프로그램을 지속적으로 개발할 필요가 있습니다. 현재 나성영락교회에서는 1년에 한 차례 온가족 수련회를 갖습니다. 온가족 수련회는 이 지역에서 아주 아름다운 야외 캠핑장에서 갖게 되는데, 가족 전체가 모여서 직접 텐트를 치고 3박 4일간 다채로운 가족 친화적인 프로그램으로 준비되어집니다. 저희 교육부에서는 1년에 수차례 '패밀리존(Family Zone)'이라는 행사를 갖기도 합니다. 패밀리존이라는 행사는 조지아주 아틀란타에 위치한 노스포인트 커뮤니티교회의 '키즈스텁(Kids Stuff)'를 본 따서 진행하는 행사인데 가족 전체, 아이와 어른이 함께 연합하여 예배 드릴 수 있는 장을 가리킵니다. 이 행사 때 부모와 자녀는 감동 있는 예배를 함께 드리면서 은혜를 나눕니다. 예배 중간에 가족끼리 질문하는 시간도 주어집니다. 서로 그리스도의 사랑을 나누는 시간도 제공됩니다. 예배를 끝마치면 집에 가는 동안 차안에서 나눌 대화의 주제와 질문도 제공해 줍니다.

교회 주일학교가 달라지고 있다

나성영락교회 '패밀리존' 부모·자녀 함께 '온가족 예배'

〈미주 중앙일보〉, 2007년 5월 16일자 기사

성경 지식 주입 설교서 탈피, 주중에도 생활 속 실천 강조

"유치원부터 3학년까지 어린이 중에 여기 있는 사람은 '예' 해 보세요." 어린 목소리가 모여 제법 고함이 터져 나온다. "그럼 이번에는 4학년부터 6학년까지예요. 와 있나요?"

기다렸다는 듯 더 큰 함성이 일제히 터져 나온다. "아, 참 중요한 분들을 잊을 뻔했네. 혹시 엄마, 아빠도 오셨나요?" "예~" 놀랍게도 우렁찬 외침이 예배당을 가득 울린다. '패밀리 존(Family Zone)'이 시작되는 모습이다. '학교'이길 거부하는 크리스천 교육의 새로운 '현장'이다. 모토는 '온 가족의 예배'. 주일 아침, 허겁지겁 주일학교에 자녀를 통째 맡겨 놓고 부모는 자기 예배로 숨 가쁘게 달려가는 크리스천 일상에 레드카드를 내민다.

찬양과 율동이 끝나자 목사가 주방 용기를 머리에 쓴 채 골프채를 들고 단상에 오른다. 전도사와 목사는 아빠의 골프, 엄마의 요리를 도마에 올려 코믹한 대사를 주고받으며 오늘의 화두를 은근히 던진다. '용서'가 이번 주일 메시지다.

패밀리 존의 가장 큰 특징은 부모와 자녀가 함께 동참한다는 것이다. 소그룹 리더를 맡은 대학생들이 드라마를 선보이고 나자 부모들이 나설 차례가 됐다. 다섯 명의 아빠가 무대에서 땀을 흘리며 '용서 게임'을 벌이는 동안 어린이들은 깔깔대며 배꼽을 잡는다. 곧이어 어린이들과 부모가 즉석에서 역할을 맡아 성경 이야기를 공연한다.

설교 시간에도 패밀리 존은 부모와 자녀를 함께 아우른다. 목사와 전도사가 번갈아 가며 한국어와 영어로 메시지를 전한다. 어른 따로 아이 따로 예배 드리고 각각 다른 성경 말씀을 듣고 돌아가는 게 아니다.

"주일학교 개념은 아이의 신앙 교육을 교회에 맡긴다는 거죠. 그러나 대학에 진학하면 90% 이상이 부모와 다니던 교회를 떠난다는 통계가 있습니다. 패밀리 존은 교회와 가정이 자녀를 함께 키우는 교육 사역입니다."

나성영락교회의 교육 부서를 책임지고 있는 노승환 목사는 한인 교회에 낯선 패밀리 존 사역을 처음으로 도입한 장본인이다. 지난 3월과 4월 패밀리 존 예배를 강단에 올려 열렬한 반응을 얻었다. 이번 달에는 오는 19일 오후 7시에 열린다.

"성경 지식 주입에 치중한 주일학교는 18세기 교육론에 근거한 시스템입니다. 이

제 교회 교육은 가정과 협력 사역이 바탕이 돼야 합니다. 그리고 어린이도 관계의 중요성을 깨닫게 지도해야죠. 부모든 친구든 관계성이 정립되지 않으면 지식도 안 들어갑니다."

노 목사는 2년 전부터 아예 여름성경학교(VBS)를 없애고 패밀리 존을 실시하고 있다. 집에서 자녀와 예배를 드리는 가정이 3%에도 못 미치는 현실 앞에 대안의 필요성을 절감해서다.

패밀리 존은 적용을 중요시한다. 그래서 주중 가정에서 실행할 자료를 나눠준다. 냉장고에 붙일 스티커 도시락에 몰래 끼어 줄 쪽지, 등하교 시간 운전 중에 들을 CD, 식탁과 침대 머리에서 나눌 대화 안내서 등이다. 주일 하루의 형식적 예배와 교육을 매일 온 가족의 믿음 실천으로 바꾸려는 노력이다.

"인풋이 달라져야 아웃풋이 변화하죠. 수십 년 똑같은 내용으로 가르치면서 아이들이 발전하길 바랄 순 없어요. 이제 교육 사역은 '부모와 함께'가 기본이 돼야 합니다."

교육의 1차 책임은 뭐라 해도 교회나 학교가 아닌 부모 자신에게 있다는 사실을 기억해야 한다는 말이다.

〈미주중앙일보〉 www.koreadaily.com 유정원 기자

그 밖에도 작년부터 제작하여 배부하고 있는 @HOME DVD가 있습니다. 내가 교육부 사역을 맡고서 많은 부모들이 가정 예배를 드리는데 어려움을 호소하는 것을 들을 수 있었습니다. 이에 대하여 목회자들과 깊이 고민하고 의논하던 중 가정에서 쉽게 예배드릴 수 있는 도구를 제공하기로 한 것입니다. 현재 2세들이 교회 학교에서 배우는 주제에 맞추어 가정 예배를 계획하고 DVD내에는 찬양, 연극, 말씀 등을 아주 알차고 창의적인 방법으로 담아서 제공하고 있습니다.[28]

가정과 연계한 사역을 추구하는 교회들 소개

1) 노스포인트커뮤니티 교회 (North Point Community Church) (Atlanta, GA) http://www.northpoint.org

나성영락교회가 현재 모델을 삼고 지향하는 교회가 바로 노스포인트커뮤니티 교회입니다. 이 교회가 시작된 지는 불과 14년밖에 안 되었습니다 (1995년 11월 창립). 그러나 이 교회는 14년 만에 수만 명이 출석하는 괄목할 만한 성장을 이루었습니다. 이 교회의 가장 큰 핵심 사역은 자라나는 세대들에게 보다 효과적으로 신앙 교육, 믿음 교육을 이루는 것입니다. 그리고 이러한 사역을 가능케 하기 위하여 부모가 교회와 연합하여야 한다는 것을 성도들 모두는 인식하고 있습니다. 이 교회에서는 가족을 중심으로 '키즈스텁(Kids Stuff)'이라는 모임을 매주 가집니다. 예배를 마친 어린이들이 소그룹 성경 공부를 하고 그 부모들이 함께 모여서 그날 배운 주제를 배경으로 찬양, 드라마, 그리고 라이브 게임을 하는 시간입니다. 이 사역을 위해서 교회는 엄청난 예산을 투자했고 그 결과 헐리우드의 공연무대나 어린이 TV쇼에 나오는 무대에 견주어도 전혀 손색이 없는 무대배경을 준비할 수 있었습니다. 이 무대 위에

---

28) www.czonministry.com 홈페이지를 참조하면 그동안 진행되어 왔던 각종 행사의 개요와 동영상이 링크되어 있다.

서 펼쳐지는 내용도 여러 각도에서 5대의 카메라의 현란한 합성을 통해 대형스크린에 펼쳐지게 됩니다. 그 밖에도 다음과 같이 다양한 방법들을 통해서 가정과 교회가 연계하고 연합하여 이루는 교육을 추구하고 있습니다.

하나님과 함께 하는 시간 (God Time Cards) : 아이들이 매일 생활 속에서 말씀을 묵상하는 큐티를 실천할 수 있도록 일주일에 한 번 배부하는 큐티 카드입니다.

냉장고 문 스티커 (The Refrigerator Door) : 일주일에 한 번씩 주일 예배 시간에 다룬 말씀의 주제와 내용을 간단하게 정리한 카드입니다. 냉장고 문에 붙여놓을 수 있도록 자석으로 만들어져 있는데 부모와 자녀가 매일 냉장고 문을 열면서 그 주 말씀과 주제를 묵상하도록 돕는 도구입니다.

패밀리타임즈 (Family Times) : 한 달에 한 번씩 준비되며 부모가 직접 구입해야 하는 패키지입니다. 패키지 내에는 매주 아이들이 예배 시간과 성경 공부 시간에 다루는 주제에 대한 이야기가 쓰여 있습니다. 또한 식사 때마다 아이들에게 그 주 배운 주제와 관련하여 실질적인 적용을 할 수 있는 질문들을 준비해 두었습니다. 부모와 자녀가 식사하면서 자연스럽게 신앙적인 질문을 할 수 있도록 유도한 것입니다. 아이들이 학교에 가지고 가는 도시락 가방에 넣을 수 있는 엽서도 포함됩니다. 매일 잠자리에서 자녀들에게 성경말씀을 이야기식으로 들려줄 수 있도록 준비된 카드도 제공됩니다. 그리고 자녀를 학교에 데려다 줄 때와 집으로 데리고 올 때 차 안에서 들을 수 있는 찬양 CD와 말씀 CD도 제공됩니다. 이런 여러 시도들을 통해서 교회와 가정이 함께 2세들의 신앙과 믿음을 책임질 수 있도록 노력합니다.

◀ 패밀리 타임즈

차 안에서 들을 수 있는 ▶
찬양과 말씀 CD

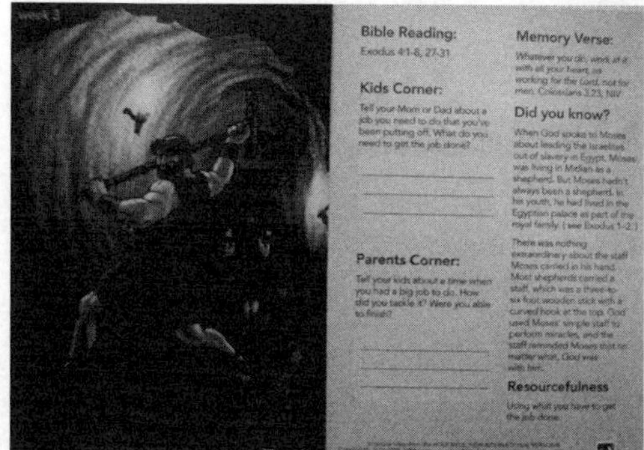

◀ 식탁 위에서 대화 나누도록
편집된 Meal Time Card

2) 내쉬빌 제일장로교회 (First Presbyterian Church of Nashville) (Nashville, TN) http://www.fpcnashville.org/

내쉬빌 제일장로교회에 대해서는 앞서 언급한 바가 있습니다. 내가 직접 교회에 방문하여 가정과 연계한 교육부 사역을 관찰했던 교회입니다.

이 교회 교육부 담당 마크 드브리스 목사는 지난 24년 동안 한 교회에서 교육부 사역만을 위해 헌신한 그야말로 교육전문 목회자라고 할 수 있습니다. 그동안 어떻게 하면 가정과 연계한 교회교육을 추구할 수 있을 것인가 수없이 많은 고민과 시도를 해온 장본인이기도 합니다. 지난 1994년에는 『청소년 사역, 이젠 가정이다(Family Based Youth Ministry)』라는 책을 저술하여 미래 교회 교육의 새로운 변화를 일으키기도 했습니다.

마크 드브리스 목사가 정의하는 가정 중심의 교회 교육은 매우 간단명료합니다. 세상에는 하나님께서 창조하신 생물학적 의미에서의 가정과 더불어 교회 내에서 만들어진 믿음의 가정이 있다는 것입니다. 가정 중심의 교회 교육을 위해서는 생물학적 의미의 가정과 교회 내 믿음 중심의 가정이 모두 포함되어야 한다는 것입니다.

내쉬빌 제일장로교회 교육부 내 중, 고등부 사역의 비전 선언문을 보면 "내쉬빌 제일장로교회 중고등부는 부모를 사역의 파트너로 삼으며, 모든 학생들을 가정 안에서 보살핌을 받게 하고, 그리스도 안에서 바로 살기에 훈련시키고, 가정과 학교와 교회와 직장에서 그리스도를 위해 살 수 있는 온전한 크리스천으로 만들어 파송하고자 한다."라고 정의되어 있습니다. 비전선언문에서 나타나듯이 이 교회는 부모를 교육의 파트너로 삼는데 지대한 관심을 가지고 있습니다. 이러한 사역을 감당하기 위해서 교회 내 확장된 믿음의 가정들이 생겨난 것입니다. 그리고 그들은 비록 나와 피는 섞이지 않았지만 신앙의 부모역할을 감당하기 위해서 학생들이 모이는 곳이라면 어디든 찾아가서 격려하고, 위로하고, 또 삶을 함께 나누고 있습니다. 그 밖에도 연중 내내 '낚시하기' (Go Fish: Families Initiating Spiritual Health)라는 프로그램을 통해서 가정의 영적 건강과 성장을 도모하고자 각종 세미나와 양육 프로그램을 진행하고 있습니다.

3) 프라비던스 침례교회 (Providence Baptist Church / Raleigh, NC)
http://www.pray.org/

"교회 교육의 최고의 목표는 가정을 승리케 하는 것이다"라는 슬로건을 가지고 쉐마(신 6:4-9)를 중심으로 가정 중심의 사역을 감당하는 교회입니다. 특히 이 교회에서는 부모를 신앙교육의 가장 중요한 동역자로 생각합니다. 왜냐하면 자녀들에 대한 대부분의 선택과 결정을 부모들이 하기 때문입니다.

교육부 중, 고등부 내 세워진 부모와 함께 하는 사역의 3대 전략[29]

첫째는 부모가 자원(Resource)이라는 인식입니다. 학생들을 영적으로 성장시키는데 있어서 부모가 전면에 서서 동참하고 동역함을 의미합니다.

두 번째로, 부모는 훈련(Train) 되어져야 한다는 인식입니다. 교육부 프로그램에 부모를 직접적으로 동참시켜야 하며 그러기 위해서는 부모를 훈련하여야 한다는 것입니다. 교회에서 학생들이 다양한 양육프로그램을 통해 훈련받고 교육받는 것과 같이 교육부 내에서 부모를 훈련시키고 교육시키는 일이 함께 병행되어야 합니다. 준비된 부모 사역자를 지속적으로 키우는 일을 담당합니다.

세 번째로, 부모를 동참(Involve)시켜야 한다는 전략입니다. 부모가 가정에서는 가정 예배를 인도하는 신앙의 모범을 보이도록 격려합니다. 그리고 가족 전체가 단기선교나 수련회 등에 참석하여 가족이 연합한 거룩한 신앙 공동체를 지향하도록

---

29) 이정현 저, 『잠자는 중고등부를 깨워라』 (서울: 베다니 출판사, 2008), p. 183.

돕습니다.

이러한 목표와 취지를 가지고 이 교회에서는 학부모 리더십 팀을 구성하여 교육부에 필요한 정보와 비전을 함께 제시하도록 하고 있습니다. 또한 연구팀을 구성하여 부모와 함께 진행할 수 있는 교육부 행사 사역을 기획하고 준비하는 일도 담당합니다.

최근 정리된 다양한 통계들에 의하면 부모의 역할이 자녀들에게 그 어느 때보다 중요하다는 것을 알 수 있습니다.

54% of teens say that being with family is the most important aspect of Christmas. (Harris Interactive, January 2009)

10대들 가운데 54%가 크리스마스의 가장 중요한 요소 가운데 하나는 가족과 함께 있는 것이라고 말했다. (2009년 1월판 Harris Interactive)

When it comes to who influences teens most in dating relationships, 35% say it is their parents. Friends came in at 28 percent. Religious leaders were only 3 percent. 67% of girls and 62% of guys say it is easy to talk to their parents about relationships. (National Campaign to Prevent Teen and unplanned Pregnancy survey, January 2009)

십대들이 이성교제에 있어서 가장 큰 영향을 받는 사람이 누구인지 조사한 통계를 보면 35%가 부모, 28%가 친구, 종교 지도자들에게는 불과 6%의 영향밖에 받지 않는다고 나타났다. 남자 아이 중 62%가 그리고 여자 아이 중 67%는 이성교제에 관하여 부모와 이야기하는 것이 어렵지 않다고 조사되었다. (200년 1월, 십대와 예기치 않은 임신방지를 위한 전국 설문조사 결과)

앞선 통계를 보면 목회자들이 학생들에게 미칠 수 있는 영향은 극히 제한적이라는 사실을 깨닫게 됩니다. 많은 부모들이 전혀 예상하지 못한 통계 결과가 아닐까 싶습니다. 교회는 어떻게 해서든 우리 부모들을 교육부 사역 속에 깊이 연관시키도록 하여 보다 효과적이고 체계적인 신앙교육이 교회뿐 아니라 가정에서도 활발하게 이루어지도록 하여야 하겠습니다.

이민 교회가 가정과 협력하기 위해서 노력하여야 할 부분들[30]

1) 이민 가정에서 일어나는 다양한 일들을 정기적으로 조사하여 실질적인 해결책들을 모색하고 부모들과 나눈다.

2) 자녀 신앙 세미나 등 부모에게 직접적으로 도움이 되는 교육 프로그램을 정기적으로 실시한다.

3) 가정 사역을 존중하고 부모의 역할이 절대적이라는 사실을 가르침을 통해서 상기시킨다.

이민 가정이 교회와 협력하기 위해서 노력하여야 할 부분들[31]

1) 나의 자녀가 무엇을 배우고 있는지 늘 확인하고 가정에서도 보조를 맞춘다.

2) 나의 자녀를 가르치는 목회자, 교사와의 긴밀한 관계를 갖고, 위해서 기도한다. 내 자녀의 영적성장에 대해 수시로 듣고 필요한 정보를 교환한다.

3) 교회 프로그램에 대하여 적극적으로 관심을 가지고 적극적인 의견을 제시한다.

4) 교사를 일 년에 1-2회 직접 집으로 초대하여 관심과 감사함을 표현한다.

---

30) 송민호, 『자녀 신앙 교육세미나』, 2000, p.43.
31) Ibid., p.43-44.

5) 교회에 대한 비판, 교인들에 대한 비판이나 험담은 자녀들 앞에서 절대로 삼간다.

6) 교회행사를 존중한다. 시간관념, 성수주일 통해서 자녀들에게 하나님 경외사상을 가르친다.

권한의 재분배

현 한인 교회의 구조에서는 대부분의 중요한 결정들이 2세들의 의사와 상관없이 이루어지곤 합니다. 어떤 경우에는 2세 사역자를 청빙함에 있어서도 1세들이 모든 결정권을 가지고 청빙을 담당합니다. 그 결과 새롭게 부임한 목회자가 2세들과 제대로 호흡하지도 못하고 몇 개월 만에 사임하는 경우도 봅니다. 이러한 결정권을 2세들이 가지지 않을 때 그들이 한인 교회에 대해 갖게 되는 반감은 당연한 것이라고 여겨집니다. 이러한 상황 속에서 2세들은 결코 교회에 대한 주인의식을 가지기 어렵습니다. 장차 2세들이 지도자로서 그들의 교회를 이끌기 위해서는 교회 운영의 여러 책임을 맡아 경험을 쌓아야 합니다. 그러나 많은 한인 교회는 2세들의 영향력이 전혀 미치지 않으며, 그들의 헌신과 수고 없이도 1세들 중심의 체제 가운데 교회가 운영될 수 있다고 생각합니다.

하지만 이제 한인 이민 역사가 100년을 넘어서면서 2세들 가운데 이미 주류사회에서 전문직을 가지고 종사하는 사람이 많이 늘어났습니다. 사회에서는 영향력 있는 위치에서 여러 사람들을 관리하고, 적지 않은 재정을 총괄합니다. 그러나 교회만 가면 그들의 능력이 인정되지 않고 있습니다. 그 결과 한인 교회에 대한 쓴 뿌리를 가지고 좌절된 집단으로 남기도 합니다.

이러한 폐단을 막기 위해서는 한인 교회 내에 지도력과 권한이 고루 분배되어야 합니다. 더 이상 1세 중심적으로 교회 운영이 이루어져서는 곤란합니다. 2세들과 젊은 세대의 의견이 십분 반영되는 교회 운영이 필요합니다. 목회자들 사이에서도 1세들이 2세들에게 목회적인 권한을 지속적으로 위임해야 할 것입니다.

❖ 한인 교회 내 지도력에 관한 1세들의 인식[32]

	1세	2세
목회자들	1. 권한을 가짐	1. 1세 목사들 밑에 속함
	2. 풍부한 목회 경험을 가졌다는 자부심	2. 목회 경험이 터무니없이 부족하다고 생각함
	3. 권위주의적 사고, 상의하달/수직관계에 익숙	3. 수평적 관계와 사고에 익숙/명령과 지시에 대한 거부반응
	4. 2세 목회자들이 교회에 대한 헌신이 극히 부족하다고 생각함	4. 1세 목사들에게 욕구 불만이 있으며 어려운 상황이 있으면 사임함
평신도 지도자들	1. 나이와 경험이 있음	1. 젊고 경험이 부족함
	2. 지역 교회에 희생적이며 전적으로 헌신한 것으로 여김	2. 무책임하며 지역 교회에 그다지 헌신적이지 않음
	3. 한국의 문화가 편함	3. 미국의 문화가 편함
	4. 계층적 사고를 가지고 있음	4. 평등주의자

2세 사역자들은 상하 관계가 아닌 수평적 관계에서 서로 존중하고 인정해 주는 목회적 환경을 요구하고 있습니다. 1세 목회자들은 2세 목회자들을 동등한 사역자

---

32) 송민호 목사, 『변화를 위한 몸부림』, 2007, pp. 12–13. 지난 2000년 토론토영락교회에서 진행된 송민호 목사의 목회 세미나에서 배부된 유인물을 참조한 것이다.

로 인정해 주고 권한을 주어야 합니다. 1세들은 2세 목회자들이 목회자로서의 충분한 영향력을 갖고 성장할 수 있는 기회를 제공해야 합니다. 그렇지 않으면 이민 교회 2세 사역의 환경은 계속해서 악화될 것이 분명합니다.

대안 8
1세와 2세 사역자 간의 관계 회복

한국 교회뿐만 아니라 이민 교회도 세계적인 선교에 동참하는 다양한 사역을 감당하고 있습니다. 이것은 하나님께서 한국 사람들에게 특별히 허락하신 이 시대에 사명임이 틀림 없습니다. 그러나 한인 교회에서 사역하면서 갖게 되는 한 가지 의문은 세계를 향해 선교하는 한인 교회가 같은 교회 내에 있는 1세와 2세 간의 관계에서는 매우 폐쇄적이라는 사실입니다. 복음이 심겨지지 않은 나라와 민족에 대한 열정, 관심, 사랑과 애정을 가지고 있다면 같은 민족으로서 1세와 2세가 가지고 있는 문화와 사고의 차이를 쉽게 극복할 수 있어야 합니다.

한인 교회 내 2세 교육이 효과적으로 이루어지기 위해서 매우 중요한 사안 가운데 하나는 1세와 2세 사역자 간의 관계가 회복되는 것입니다. 1세와 2세가 갖는 차이점을 인정하고 이해하려는 노력이 필요합니다. 이 세상에는 헤아릴 수 없이 많은 민족과 문화가 존재합니다. 그리고 모든 문화에는 장점과 단점이 동시에 존재합니다. 어느 문화건 완벽한 문화는 없습니다. 이 사실을 인지한다면 1세와 2세 모두 서로 간의 부족하고 연약한 부분을 채워 주고 보다 건설적인 방법으로 하나님 나라를 확장시키는 데 주력하여야 할 것입니다.

❖ 1세, 2세 사역자들이 서로에게 가지고 있는 부정적 시각들

2세들이 생각하는 1세 목회자들의 모습	1세들이 생각하는 2세 목회자들의 모습
1) 권위적이다.	1) 목회지를 소명에 의해 택한 것이기 보다 하나의 직장으로 생각한다.
2) 일 중독이다.	2) 헌신도가 결여되었다.
3) 가정을 돌보지 않는다.	3) 싸가지가 없다.
4) 숫자적 성장만 최고라고 생각한다.	4) 권위에 복종할 줄 모른다.
5) 본인은 고용주, 2세 사역자들은 고용인이라고 생각한다.	5) 고생을 안 해 봤다.
6) 남을 칭찬하거나, 격려하는 일을 할 수 없다.	6) 돈만 안다.

　　서로에 대한 부정적인 생각만을 가지고서 한 교회를 섬긴다는 것은 참 어려운 일입니다. 1세 목회자나 2세 목회자 모두 선교적 사고를 가져야 합니다. 선교사는 한 나라를 그리스도의 사랑으로 품기 위해 그 나라의 언어를 익힙니다. 그 나라의 문화를 배웁니다. 1세 목회자는 2세 목회자의 문화와 언어를 배워야 합니다. 마찬가지로 2세 목회자는 1세 목회자들의 문화와 언어를 익혀야 합니다. 우리 모두는 하나님께서 선교사로 부르신 자들입니다. 내 가정이 선교지입니다. 내 일터가 선교지입니다. 내 교회가 선교지입니다. 이러한 사고를 가질 때 비로소 1세와 2세 목회자들에게 놓여 있는 장벽이 허물어질 것입니다.

　　얼마 전 내가 섬기는 교회의 목회자 회의시간에 있었던 일입니다. 일주일에 두 번 모이는 회의에서 모든 진행은 한국어로만 이루어집니다. 약 20명의 사역자 가운데 한국어를 거의 이해하지 못하는 사람이 둘이나 됩니다. 하루는 그 중에 한 사람이 회의에 오자마자 "Good morning brothers!"(형제님들, 안녕하세요?)라고 인사를 했

습니다. 대다수의 1세 사역자들이 'Brothers'라는 말을 듣고는 당황한 기색을 표했습니다. 이 분위기를 눈치 챈 영어권 사역자가 이런 이야기를 나누었습니다. "나는 사실 여러분들이 나누는 회의 내용의 95%를 이해하지 못합니다. 하지만 이 자리에 있는 것이 그냥 좋습니다. 왜냐하면 여러분 모두는 그리스도 안에서 한 형제이기 때문입니다." 이 일을 계기로 1세 목회자들이 2세 사역자들을 배려하고 이해해야 하겠다는 생각을 갖게 되었습니다. 수년 동안 한국어로 진행해 왔던 회의였지만 단 한 차례도 영어권 사역자들의 편에서 배려하려고 하지 않았던 모습을 1세들 목회자들이 느끼게 된 계기였습니다.

이제 한인 교회 내 목회자들은 세대 간의 갈등을 극복하고 한 차원 더 성숙한 사역을 감당해야 할 것입니다. 목회자들이 연합하고 하나가 되는 모습을 보일 때 비로소 교회도 성숙해질 것입니다.

대안 9
이민 교회 미래 교회 대안 만들기

현존하는 이민 교회의 다양한 모델

1) 나 홀로 사역 (Korean only Model)[33]

'나 홀로 사역'은 한국어권 목회만 존재하는 교회를 가리키는 말입니다. 몇 가지 이유 때문에 영어 목회가 이루어지지 않고 있는 교회입니다. 보통 이러한 교회를 출석하는 성도들은 자녀들의 신앙교육에 대한 어려움을 호소합니다. 그래서 부모와 자녀가 다른 교회에 출석하는 경우가 많습니다.

---

33) 현존하는 이민교회의 다양한 모델에 대한 연구는 웨슬리신학대학원의 영어 목회 센터(이사장 이성현 목사, 사무총장 신경림 목사)가 정리한 내용을 참조하였다.

주체 : 1세 한인들이 교회의 모든 행정적 결정권을 가지고 있습니다. 교회 내 2세 사역의 필요성은 깊이 절감합니다. 하지만 재정적인 어려움으로 인해서 한국어권 목회에만 집중합니다. 그러다보니 교회의 모든 사역이 1세 위주로 이루어집니다.

대상 : 일차적으로 1세 한인들을 겨냥하고 있지만 향후 2세와 교육 부서를 정비하고 활성화하고 싶은 의지가 있습니다.

비전/존재 목적 : 이민 1세들이 이민 사회에서 찾고자 하는 심적인 안정감을 추구합니다.

예산 : 1세 한인들이 책임지고 있습니다.

목회자 : 보통 담임목사 한 명이 전체 교회를 총괄하게 되고 2세 사역자를 별도로 청빙할 형편은 되지 못하는 경우가 대부분입니다.

2) 부서로서 존재하는 2세 사역 (Ministry Within A Church Model)

교회 내에는 다양한 부서가 존재합니다. '부서로 존재하는 2세 사역' 모델은 교회 내 2세들의 목회 자체를 한 부서처럼 여기는 유형입니다. 이런 유형의 교회에서는 교회의 전반적인 사역들의 결정이 1세들에 의해서만 이루어집니다. 대부분의 이민 교회가 이와 같은 유형을 띠고 있습니다. 이러한

교회에서는 2세들이 주인의식을 가지고 섬기기가 어렵습니다. 또한 2세들의 눈높이에 맞는 교회의 미래를 설계하기도 힘듭니다. 그렇기에 이러한 유형의 교회들은 2세 교육에 대하여 많은 한계를 지니고 있습니다.

주체 : 1세들이 주체가 됩니다.

대상 : 전반적으로 1세 이민자뿐만 아니라 2세들을 겨냥하는 사역을 감당하지만 대부분 이러한 교회에 출석하는 2세들은 젊은 세대들입니다. 이미 성장한 2세들은 그들의 리더십을 발휘할 수 있는 교회를 찾아 떠나기 때문입니다.

비전/존재목적 : 앞서 언급한 바와 같이 이민 1세대들의 안식처를 제공하는데 일차적인 목적이 있습니다. 동시에 젊은 2세들의 영적 성장을 위한 공동체를 제시하기 위해 존재합니다. 젊은 2세들의 대부분은 1세 사역에 속해있는 교육부에서 교사로 활동하고 섬기게 되며 그 가운데 신앙적인 보람을 얻습니다. 이러한 교회에 속한 2세들의 미래 계획과 목표는 독립적인 권한과 책임을 갖고 교회를 운영하는 것입니다.

예산 : 대부분의 예산은 부모 세대인 1세대들이 감당하게 되며 부분적으로 2세들의 헌금이 2세 사역을 위해 지원됩니다.

목회자 : 이러한 교회에서는 2세 사역을 담당하는 사역자를 따로 두고 있습니다. 하지만 대부분의 청빙과정도 1세 중심으로 이루어집니다.

모임장소 : 1세대와 2세대가 같은 장소에서 함께 모입니다. 추후 2세 사역이 활성화되어 양적으로 성장하게 되면 모임 장소에 대한 의논뿐 아니라 독립적인 교회 모델로서 구성될 것인가에 대한 의논이 구체적으로 이루어지게 됩니다.

1세와 2세와의 관계 : 2세들이 언제든지 독립할 계획과 준비가 되어 있는 경우에는 1세들과의 긴장이 고조되기도 합니다. 서로간의 존중과 배려함의 정도에 따라서 긴장이 완화되기도 하고 고조되기도 하는 관계입니다.

평가 : 보통 이러한 유형은 제한된 환경에서 이루어지는 효과적인 2세 사역이라고 할 수 있습니다. 특별히 1세와 2세가 함께 어우러져 같은 교회에서 신앙생활을 하기에 부모 세대가 건전한 믿음과 신앙의 뿌리를 자녀 세대에게 전달할 수 있는 장점이 있습니다. 그러나 2세들이 성장함에 따라서 1세들과 마찰이 생기곤 합니다.

3) 영어권 교회 독립 모델 (English Ministry Independent Model)

1세들은 이민 와서 교회를 개척하고 지난 몇 십년 동안 견고한 교회를 세우기 위해 많은 헌신을 해 왔습니다. 하지만 그들의 자녀들이 성장하면서 1세와 2세 사이에 다양한 어려움이 생깁니다. 그러한 까닭에 2세들이 스스로 자립할 만한 재정상태가 되면 1세들의 간섭을 전혀 받지 않고 사역을 감당할 수 있는 2세들만을 위한 독립 교회를 세우게 됩니다. 이러한 교회들은 모든 예배와 사역을 영어로 진행합니다. 그리고 2세 독립 교회의 교회 학교는 한국적인 뿌리와 언어 교육 등이 배제된 미국식 주일학교를 본 따게 됩니다.

주체 : 보통 2세 교회를 담당하던 목회자의 리더십에 의해서 교회가 개척되게 됩니다.

대상 : 1.5세와 2세 한인, 더 나아가 북미에 거주하는 소수 민족 가운데 영어권 회중을 대상으로 여깁니다.

비전/존재목적 : 그동안 한인 1세들이 중심이 된 교회에 출석하면서 확고한 리더십을 발휘하지 못했던 2세들이 보다 적극적으로 교회를 섬길 수 있는 장을 꿈꿉니다. 과거 부정적인 경험에 의해서 한인 교회를 떠나 있는 2세들을 겨냥하여 차세대들의 눈높이에 맞는 교회를 세우는 것이 목적입니다.

예산 : 2세들의 독립 교회가 세워졌다는 것은 결과적으로 1세들에게서의 재정적인 독립을 의미합니다. 하지만 간혹 개척초기에는 모(母)교회에서 일시적인 지원을 받기도 합니다.

장소 : 대개의 경우 건물을 새롭게 빌려 독립된 교회로서 시작합니다.

1세와의 관계 : 이러한 모델의 가장 큰 취약점이 바로 1세들과의 세대 간의 교류가 없다는 것입니다. 2세들이 1세들과 부정적인 관계 속에서 교회를 독립하고 나면 1세들과의 교류가 단절되기 쉽습니다. 하지만 보다 건강한 가정, 보다 건강한 교회가 세워지기 위해서는 신앙과 믿음 안에서 부모 세대와의 화목한 관계 회복이 불가피합니다.

평가 : 영어 회중의 성장 과정에서 나타날 수 있는 1세와의 갈등 관계가 존재하지 않습니다. 또한 구성원의 필요에 맞는 다양한 사역을 자유롭게 시도할 수 있는 것이 장점입니다. 때로 지역 내 1세 교회 영어목회와 경쟁관계로 인식될 수도 있습니다. 그리고 목회자는 독립적인 재정운영을 위해서 교회를 단시간 내에 성장시켜야 한다는 압력이 뒤따르기도 합니다. 2세 독립 교회는 자신들이 교회의 모든 규칙을 정하고, 스스로 교회를 운영하는 독립된 교회로써 존속하는 모델입니다. 재정이나 인사, 건물 관리 등 목회의 전반적인 행정을 직접 운영합니다. 이런 교회들은 현실적으로 2세들에게 매우 필요한 모델임이 분명합니다. 그러나 많은 경우 부모세대와 단절되어 있고, 1세들로부터 경험했던 치료받지 못한 상처가 쓴 뿌리로 남아 있곤 합니다.

4) '어깨동무' 사역 (Interdependent Model)

말 그대로 2세와 1세가 하나가 되어 어우러지는 사역이 바로 어깨동무 사역입니다. 같은 건물을 사용하고 있지만 조직적으로 철저하게 구분된 두 개의 교회가 한 캠퍼스에서 모이는 교회입니다. 2세는 그들 나름대로의 장점을 살리고, 1세 또한 그들의 장점을 살릴 수 있도록 양쪽 사역이 상호보완적인 관계를 유지

하는 모델입니다. 대표적인 예로 미국 LA에 위치한 나성영락교회를 들 수 있습니다. 한국어권 교회와 영어권 교회 양쪽 모두 자체적인 예산, 조직, 제직회를 운영하고 있기에 철저하게 독립된 두 교회이지만 사용하고 있는 캠퍼스는 한 곳입니다. 그러나 나성영락교회 교육부는 1세 교회 안에 소속되어 있고, 교육부의 모든 예산의 쓰임과 사역의 방향도 1세들이 결정합니다. 그럼에도 불구하고 교육부 내에는 1세 자녀들과 2세 자녀들이 모두 포함됩니다.

주체 : 1세와 2세가 모두 주인의식을 가지고 교회를 함께 주도합니다.

대상 : 한인 1세와 2세 회중을 대상으로 하며 타 인종을 포함합니다.

비전/존재목적 : 1세와 2세가 더불어 세대를 어우르는 교회 공동체를 추구합니다.

예산 : 1세와 2세 교회 모두 재정적으로 자립하여 각 교회를 책임지는 것을 원칙으로 합니다. 하지만 필요에 따라서 공동으로 재정을 부담할 때도 있습니다.

사역자 : 1세와 2세 교회에서 철저하게 독립된 결정을 내립니다. 그러나 양쪽 모두 서로의 의견을 묻거나 조율하기도 합니다.

장소 : 1세 회중과 공간을 같이 사용합니다.

구조 : 당회와 제직회 등 교회의 결정기구를 1세와 2세 교회가 완전히 분리하여 독립적으로 운영합니다.

1세와의 관계 : 영적, 감성적인 지원, 기도하는 관계가 이루어지고 있고 1세 회중과 2세 회중이 함께 교육부를 운영합니다. 때로 예배 장소 및 시간, 공간사용, 재정 분담 문제로 갈등이 생길 수도 있습니다. 이러한 모델 교회에서는 1세 교회가 2세 교회의 독립성과 리더십을 인정하는 것이 매우 중요합니다.

평가 : 1세대와 2세대가 한 지붕에서 살지만 울타리를 두르고 독립적인 결정과 사역을 해나가는 모습은 매우 바람직하다고 할 수 있습니다. 하지만 이러한 교회들 내 2세 교회가 만일 다민족 교회를 추구하게 되면 그에 따른 여러 부작용들이 나타날 수도 있습니다. 아울러 3세대의 미래 교육에 대한 견해 차이에서 오는 갈등도

있을 수 있습니다.

5) 2개 국어 병용 사역 (Bilingual Model)

1세와 2세, 양쪽 문화와 관습을 모두 이해하고 받아드릴 수는 없지만, 믿는 사람들은 예수 안에서 하나가 될 수 있다는 믿음을 가지고 교회 내 모든 예배와 프로그램을 이중 언어로 진행합니다. 이런 교회의 예배는 상대적으로 긴 경향이 있습니다. 그러나 1세와 2세 양쪽 모두를 어우르고 하나가

되는 데 힘쓴다는 긍정적 취지를 가지고 있습니다. 이러한 유형의 교회에서는 굳이 2세들을 위한 교회가 독립적으로 설립되지 않으며, 1세와 2세들이 신앙 안에서 조화를 이루고자 지속적인 노력을 하게 됩니다.

주체 : 이러한 유형의 교회는 북미에서 손가락에 꼽을 수 있을 정도로 흔하지 않습니다. 현존하는 몇 교회를 토대로 보면 1세대들이 중심을 이루고 있습니다.

대상 : 1세와 2세 모두가 더불어 신앙생활 하는 공동체를 꿈 꿉니다.

비전/존재 목적 : 두 가지 다른 문화와 언어가 함께 공존하며 조화를 이루는 공동체를 통해서 1세대와 2세대들이 연합하여 신앙적 성숙을 도모합니다.

예산 : 1세와 2세가 함께 책임지지만 1세들이 더 많은 부분을 감당합니다.

사역자 : 1.5세 사역자가 한국어와 영어를 병행하며 교회의 예배와 행사를 진행하기도 하고, 때로 1세 사역자와 2세 사역자가 함께 세워져 한국어를 구사하면 통역하는 형식으로 예배와 행사가 이루어지기도 합니다.

장소 : 같은 장소에서 모여 예배 드리고 필요에 따라서 독립적인 행사를 갖기도

합니다.

구조 : 교회의 모든 운영은 1세와 2세가 함께 의논하여 결정합니다.

1세와의 관계 : 1세와의 관계는 다른 어느 모델의 교회보다 긴밀하다고 볼 수 있습니다.

평가 : 그리스도 안에서 문화와 언어를 초월하여 한 공동체를 이루려는 노력은 매우 바람직합니다. 하지만 모든 예배와 행사를 이중 언어로 진행하기에 이러한 모델에 대한 비전이 없는 성도들이 동참하기는 어렵습니다.

6) 다민족적 (Multi-Ethnic) 교회 모델

앞서 영어권 교회 독립모델이 다르게 변형된 유형이라 할 수 있습니다. 한인 2세들을 대상으로 독립된 교회에 여러 소수민족들이 동참함으로 다민족 교회가 생성되게 된 것입니다. 때론 2세 교회가 독립하자마자 다민족 공동체의 비전을 가진 교회가 시작되기도 합니다.

대상 : 개인이나 그룹, 목회자의 비전에 의해서 시작됩니다. 보통 2세 목회자가 독립적인 교회를 세우면서 교회의 비전을 이민자 전체로 확대하게 되는 경우입니다. 한인 2세들뿐만 아니라 이민자 전체를 어우르는 교회로 존재합니다.

비전/존재 목적 : 지역, 인구분포, 목회자의 배경에 따라 다른 비전이 나올 수 있습니다. 보통 지역사회 내에서 교회에 출석하지 않는 사람들을 전도 대상자로 삼습니다.

예산 : 독립을 준비하는 과정 가운데 1세 교회에서 부분적인 재정 지원이 있을 수는 있지만, 일단 교회가 세워지면 자체적으로 재정을 충당합니다.

장소 : 목회자가 중심이 되어 다민족 교회의 필요가 있는 지역에 자리 잡습니다.

1세와의 관계 : 직접적인 연관이 거의 없고 독립된 한 교회로서 존재합니다.

평가 : 이러한 교회는 목회자가 보다 명확한 비전이 있을 때 건강하게 세워질 수 있습니다. 다양한 배경을 가진 민족들이 교회에 왔을 때 문화적으로, 정서적으로 공감대가 형성되기 어려울 수 있기에 그에 대한 대처방안도 필요합니다. 이 유형의 대표적인 모델 교회로 남가주 어바인(Irvine)의 뉴송교회(New Song Church)를 들 수 있습니다. 에니비드 기븐스(David Gibbons) 목사가 처음 개척한 교회로서 이제는 수천 명이 출석하는 대형교회로 성장하였습니다. 지교회도 어바인(Irvine), 노스 오렌지 카운티(North Orange County), 달라스(Dallas), 멕시코 시티(Mexico City), 방콕(Bang-kok), 인도(India) 등 6개 교회나 됩니다. 데이비드 기븐스(David Gibbons) 목사는 한국인 어머니와 미국인 아버지 사이에서 태어난 아메라시안(Amerasian), (미국인과 아시아인과 혼혈아)으로서 다가올 복합 세대의 대표주자 역할을 하고 있습니다. 기븐스(Gibbons) 목사도 처음에는 한인 교회 내 영어목회를 담당하였습니다. 그러나 하나님께서 주신 다민족 교회의 비전을 갖고 독립 교회를 세우게 되었고, 그 결과 지금은 아주 건실한 교회가 된 것입니다. 이러한 교회들이 그동안 수차례 시도되었지만 실패한 경우가 성공한 사례보다 훨씬 더 많기 때문에 우려의 목소리도 있습니다.

앞서 열거한 다양한 유형의 이민 교회 외에도 최근 남가주 사랑의 교회는 '거룩한 물결(Holy Wave)'라는 주제를 가지고 1세 담임목사가 2세 교회도 직접 관할하고, 그들을 위한 예배와 설교를 직접 담당하는 모델을 제시하고 있습니다. 그러나 이러한 유형의 교회는 특정한 목회자만이 (영어와 한국어가 자유로운 1.5세) 담당할 수 있기에 보편적으로 추구할 수 있는 모델이라고 하기는 어렵습니다.

그렇다면 보다 바람직한 2세 사역 모델을 어떻게 그릴 수 있을까요?

21세기를 맞아서 하나님은 세계 여러 곳에 한국인들을 심어 두셨습니다. 북미 이민자들이 많이 하는 말 가운데 이런 이야기가 있습니다. "중국인들은 가는 곳마다 식당을 세우고, 일본인들은 학교를 세우고, 한국인들은 교회를 세운다." 그만큼 한 국 사람은 가는 곳마다 교회를 세웁니다. 그러나 아무리 많은 한인 교회들이 세워 져도 우리 2세들을 세우는데 앞장서지 않으면 이민 사회 내 한인 교회는 몰락할 위 기에 처하게 됩니다.

2세 목회는 앞으로 한인 교회의 앞날을 좌우할 것입니다. 그렇기에 이들을 어떻게 세우고 길러내는가에 따라서 이민 교회 뿐만 아니라 전 세계에도 영향을 미칠 것입니 다. 미래를 준비하는 이민 교회, 미래 대안적인 2세 교회의 모델은 어떤 모습일까요?

보안된 상호의존형(Inter-dependent) 모델[34]

앞서 '어깨동무 모델'로 간단하게 설명한 모델이 바로 상호의존형 교회 모델입니 다. 상호의존형 교회의 특징은 권한의 재분배를 통한 지도력의 자율화를 추구합니 다. 사역을 위한 재정의 자율화, 동일한 비전을 위한 팀 목회를 추구합니다. 물론 상 호의존형 교회라고 할지라도 단 한가지의 형태로 획일적일 수는 없습니다. 개교회의 형편에 따라서 적합한 형태를 지속적으로 추구해야 합니다. 상호의존형 교회를 지 향하는 교회들 가운데 재정을 한국어권과 영어권이 독립적으로 하는 경우가 많지 만, 재정을 꼭 독립시켜야 하는 것은 아닙니다. 많은 1세 교회들이 상호의존형 교회 를 거부하는 이유 가운데 하나가 재정적인 운영 때문입니다. 재정을 독립적으로 운 영하고 있지 않으면서 상호의존형 모델을 제시하는 대표적인 한인 교회는 버지니아 열린문 교회입니다. 이 교회 김용훈 목사가 재정을 독립하지 않는데는 매우 구체적

---

34) 보안된 상호의존형 교회모델에 대해서는 지난 2001년 10월 1일 남가주 사랑의 교회에서 개최된 이 미준 (FOCI: 이민 교회의 미래를 준비하는 모임) 컨퍼런스에서 버지니아 열린문교회 김용훈 목사가 전한 강의내용을 참조하였습니다.

인 이유가 밑바탕에 깔려있습니다.

"우리가 재정적으로 독립하지 않는 이유는 한 지붕 아래 두 개의 교회가 공존하는 것은 마치 한국어권 교회와 영어권 교회가 함께 결혼한 것이라고 보기 때문이다. 부부는 재정을 같이 하는 것이 당연하다. 만일 결혼을 하고 각자가 은행 구자를 따로 가지고 있다면 건강하지 않은 관계가 아닐까? 우리는 매주일에 들어오는 헌금을 따로 독립 구좌에 입금하지 않는다. 그러나 재정의 집행은 영어권과 한국어권이 각각 독자적으로 하도록 배려하고 있다. 매년 10월이 되면 한국어권 영어권이 목회 계획에 따라 예산을 따로 세워서 서로 의논하며 새해를 준비한다. 그러나 일단 예산이 세워지면 예산의 집행은 한국어권과 영어권이 자율적이고 독자적으로 운영을 한다. 그리고 연말에 가서 공동의회에서 서로의 재정을 보고함으로 재정을 관리한다."

반면에 재정을 독립적으로 운영하고 있는 상호의존형 교회 가운데 대표적인 모델이 나성영락교회입니다. 보통 상호의존형 교회 모델을 추구한다고 해도 2세 목회가 재정적인 어려움으로 인해 난관에 부딪힐 수 있습니다. 그렇기에 2세들이 교회의 모든 재정을 감당하기 위해서는 2세 교회가 독립된 이후 신속하게 성장해야 한다는 부담이 있습니다.

대다수의 1세들은 2세들이 헌금을 제대로 하지 않는다고 생각하고 있습니다. 그러다보니 시간이 지날수록 한인 교회 내 2세는 1세들에 비해서 결정권이 줄어듭니다. 그래서 나성영락교회는 2세들 스스로 교회 재정을 책임지고, 재정적인 권한도 독립적으로 가질 수 있도록 완전히 분리된 재정 관리가 이루어지고 있습니다. 심지어 당회와 제직회도 독립적으로 세워진 그야말로 한 지붕 내 두 교회가 존재하고 있는 양상입니다. 이러한 교회의 모델로 발전되기까지 1세들의 전폭적인 지지를 통해서 수없이 많은 시행착오가 있었습니다. 2세 교회가 완전히 독립될 당시 1세 리더십들은 2세들의 교회 사역이 더 이상 장년사역의 부속기관이 아니라는 것을 동의했습니다. 그래서 2세들이 장년들의 종속기관이 아니고, 장년과 동역기관으로서의 독립적이고 자치적인 모델을 세우도록 힘썼습니다.

상호의존형 교회 모델은 더 나아가 1세와 2세의 강점 모두를 다 가지고 있기 때문에 각 교회의 특수성을 모두 배려하고 활용할 수 있습니다. 재정을 세우고 집행하는 과정도 함께 할 수 있습니다. 상호의존형 교회가 이루어지기 위해서는 홍보와 교육, 구조조정, 가동의 세 단계를 거쳐야 합니다. 또한 2세들에게 한인 교회에 남아야 하는 이유와 동기에 대해서 끊임없이 인식시켜야 합니다. 상호의존형 교회가 확고하게 설립되기 위해서는 단순히 2세들을 위한 유능한 2세 목회자를 초빙하는 것에서 시작되지 않습니다. 앞서 나성영락교회의 예처럼 홍보와 교육의 단계가 매우 중요합니다. 그리고 이 일은 한국어권 담임목사와 1세 리더십이 적극적으로 나설 때 가능해집니다. 많은 1세 교역자들이 예상하는 것과 같이 2세 목회자 모두가 무조건 한인 교회에서 분리되고 독립되기만을 선호하는 것은 아닙니다. 함께 격려를 받으며 사역할 수 있는 환경이 주어진다면 오히려 서로 비전을 공유하고 1세와 더불어 사역하기를 원합니다.

지난 2007년 8월 27일 미주판 〈뉴스앤조이〉에는 1.5세 목회자 3인의 인터뷰를 상세하게 다루었습니다. 이 인터뷰에서 뉴저지 리버사이드 커뮤니티 교회의 브라이언 리 담임목사는 매우 의미심장한 이야기를 했습니다. "한인 이민 교회는 매우 아름답습니다. 언어도, 문화도 다른 낯선 땅에서 믿음을 지켜나가고 하나님의 나라를 확장시켜나가는 성도들의 모습이 눈물겹습니다. 이민 교회는 온실에서 자라난 화초가 아니라 비바람 맞아가며 자란 들국화 같습니다. 그래서 이민 교회 1세대 성도들이 사랑스럽습니다." 이렇듯 한인 2세나 1.5세들은 1세 한인들에 대한 존경심과 그들이 세운 교회에 대한 깊은 애정을 가지고 있습니다. 그렇기에 상호의존형 교회가 단순히 1세대들만이 추구하는 교회의 모델이라고 단정 지을 수는 없습니다. 1세뿐 아니라 2세들이 함께 추구하는 모델 가운데 하나입니다.

상호의존형 교회를 시작하기 위한 첫 단계인 홍보와 교육 부분에서 빠져서는 안 될 가장 중요한 부분은 상호의존형 교회의 확실한 비전의 제시입니다. 왜 상호의존형 교회가 필요하고, 이러한 모델이 왜 성경적이며, 구체적으로 어떠한 모습 속에서 하나님의 나라를 위해서 사용될 것인가를 제시할 수 있어야 합니다.

상호의존형 교회 모델의 비전

1) 세대를 어우르는 교회 지향

사실 2세 독립 교회가 온전한 교회의 모습을 띠고 있다고 말하기 어려운 이유가 있습니다. 그것은 1세대가 고스란히 빠져 버린 2세만을 겨냥한, 2세들의 교회이기에 갖는 한계 때문입니다. 하나님께서 교회를 향해 가지고 계신 참 모습은 세대가 서로 어우러질 때 바람직한 방향으로 이루어 나갈 수 있습니다. 성경에서는 수없이 가정의 중요성을 강조하고 부모 공경, 자녀교육의 중요성을 말씀하고 있습니다. 그런데 가족 전체가 연합하여 하나의 신앙공동체를 이루기보다 어떤 이유에서든지 (보통 부정적인 이유가 많음), 세대가 분리되어 교회를 시작하면 우리 2세들은 1세들의 헌신적이고 열정적인 신앙을 물려받기가 어렵습니다. 마찬가지로 우리 1세들은 2세들이 가지는 실용적이고 이성주의적인 신앙의 모습, 정직한 삶의 태도 등의 영향을 받기가 어렵습니다. 나아가 앞으로 다가올 3세대, 4세대에게 바른 문화와 뿌리 교육, 정체성 교육을 감당할 수 있는 장이 사라질 위험에도 노출됩니다. 한 가정이 올바르게 세워지기 위해서 부모를 존경하고 존중하는 태도가 필요합니다. 부모는 자녀들이 겪고 있는 문화적 상황을 구체적으로 이해하려는 노력이 필요합니다. 그리고 이와 같은 모습은 상호의존형 교회 모델을 통해서 나타날 수 있습니다. 이 모델에서는 3대 심지어는 4대가 함께 예배를 드리고, 함께 섬기는 가족적인 교회가 될 수 있습니다. 평상시에는 연령층에 맞게 영어와 한국어로 나누어 예배를 드린다 해도, 특별한 절기 때에는 함께 예배를 드릴 수 있습니다. 이러한 교회의 가장 큰 장점은 세대

를 초월한 교제에 있습니다. 세대 간의 격차를 초월한 친교와 나눔을 통해서 성경이
추구하는 진정한 가정교회의 개념을 공유할 수 있습니다. 이에 따라 세대 간의 문화
적 차이를 극복하고 하나가 되는 교회를 지향하게 되는 것입니다.

2) 주류사회에 영향력을 미치는 교회의 모델

오늘날 한국 교회는 그야말로 위기입니다. 기독교를 개독교라고 변형해 부르는
사람들이 생기게 된 것을 보면 그 위기의 심각성을 알 수 있습니다. 비단 한국 교회
만이 아니라 한인 이민 교회도 교회로서의 기능이 매우 제한되어 있습니다. 교회는
교회만을 위해서 존재할 때 하나님께서 의도하시는 교회의 모습이라고 할 수 없습
니다. 마태복음 5장 6–13절에 나타나는 산상수훈의 말씀을 통해서 예수님은 "너희
는 세상의 소금이요, 세상의 빛이라" 말씀하셨습니다. 기독교인인 우리는 세상의 빛
이요, 세상의 소금으로 살아가는 존재가 되어야 합니다. 교회 내에서 교회만을 비추
고, 교회에게 맛을 더하는 역할만 해서는 곤란합니다.

하나님이 이스라엘 백성을 택한 것은 그들을 통해 온 인류에 대한 자신의 뜻을
나타내기 위함이었습니다. 예수 그리스도가 많은 사람을 위해 이 땅에 오셨고, 인류
를 죄악에서 구원하셨듯이, 교회는 그 자체로써 존재하기보다 세상을 위해서 존재
하도록 부름을 받은 것입니다. 그렇다면 한인 이민 교회는 북미 사회에서 어떻게 세
상을 향해 존재하는 교회가 될 수 있겠는가를 고민해야 합니다. 에베소서 4장 5절
의 "주도 한 분이시요 믿음도 하나요 세례도 하나요"라는 말씀과 같이 이민 교회는 1
세대와 2세대 아니 더 나아가 다양한 민족을 품고 하나 됨의 공동체를 추구하여야
합니다. 나아가 교회는 평화와 정의의 공동체가 되어 사회를 끊임없이 변혁시켜야
합니다. 그리고 사회 가운데 정의의 공동체로 서기 위해서는 교회가 사회적 책임을
감당하여야 합니다. 사회적으로 모순이 행해지고, 도덕적으로 변질되는 현상이 나
타날 때 교회는 그 어두움 속에 예수 그리스도의 빛을 드러내는 역할을 하여야 합

니다. 이러한 역할은 북미에서 교육을 받고, 북미의 문화와 사회에 대한 깊은 이해가 있는 2세들이 1세들과 힘을 합칠 때 감당할 수 있습니다. 교회를 향한 1세들의 한없는 헌신과 더불어 2세들의 합리적이고 이성적인 문화적 배경이 어우러지면 한인 이민 교회는 이 사회를 신앙으로 이끌어 나가는 원동력이 될 것입니다.

3) 하나님께서 한인 디아스포라에게 주신 사명을 감당하기 위한 모델

초대 교회가 땅 끝까지 복음을 전하는 귀한 도구로 사용될 수 있었던 이유는 예루살렘에서 시작하여 유대와 사마리아와 땅 끝까지 복음을 전하는 단계를 거쳤기 때문입니다. 예루살렘의 초대 교회가 이러한 단계를 거쳤다는 것이 이민 교회에 주는 매우 중요한 교훈이 있습니다. 예루살렘의 초대 교회는 이러한 과정을 통하여 유대인 주류, 단일문화의 교회에서 타문화를 어우르는 익숙한 교회로 탈바꿈하였던 것입니다. 물론 이것이 처음부터 쉽지만은 않았습니다. 유대인들만이 가지고 있는 선민사상 때문에 타민족을 품고 나가는 것이 얼마나 어려웠는지는 사도행전 10장에 나타난 베드로의 환상을 통해서도 알게 됩니다.

사도행전 10장은 다음과 같은 내용이 기록되어 있습니다. 베드로가 기도하는 중에 하늘에서 보자기가 내려오고 그 보자기에 부정한 짐승들이 담겨져 있었습니다. 그런데 주님은 베드로에게 말씀하십니다. "잡아먹으라!" 그러나 베드로는 부정하다고 주님의 말씀을 거부했습니다. 그러자 베드로에게 "하나님께서 깨끗케 하신 것을 네가 더럽다고 하지 말라"는 두 번째 음성이 들렸습니다. 이러한 환상 이후에 베드로는 이방인 전도를 위해서 길을 나서게 되었습니다.

사도행전에 등장하는 초대교회의 시작은 단일 문화적 교회 (Mono-cultural church)이었으나 여러 성숙의 아픔을 통해서 문화를 뛰어넘는 교회 (Cross-cultural church)로 탈바꿈한 것입니다. 신약성경의 예루살렘 교회가 땅 끝까지 이르러 복음을 전하는 하나님께서 주신 선교적 사명을 감당할 수 있었던 이유는 상호의존형 교회 모델을 성공적으로 접목시켰기 때문이라고 볼 수 있습니다. 사도행전에서 나오는 사마리아에서의 빌립의 전도 활동, 베드로가 이방인 고넬료 가정을 찾아가 전도하는 사건, 또한 바울과 바나바가 땅 끝까지 나아가 선교 여행을 감당하는 사건들이 그 예입니다.

1세 교회와 2세 교회가 마음을 합하여 함께 비전을 공유하고 세계를 품는 것이야 말로 하나님께서 오늘날 한인 이민 교회에게 주신 사명입니다. 많은 한인 교회들이 야심찬 선교 슬로건을 교회에 내겁니다. "오늘은 LA를, 내일은 세계를!" 그러나 1세와 2세, 두 문화도 서로 어우르지 못하고 함께 품지 못하면서 어떻게 세계를 품을 수 있는 교회로, 세계를 품을 수 있는 성도로 세움을 받을 수 있겠습니까? 1세와 2세의 두 문화가 서로 조화되어 힘을 합칠 때 비로소 세계 선교의 시작이 가능합니다. 1세와 2세가 함께 한 지붕 아래서 다른 문화를 서로 적응하고 이해하기 위해서 몸부림치고 있는 과정은 바로 예루살렘에서 사마리아를 지나 세상 끝까지 나가는 초대 예루살렘 교회가 겪었던 진통의 과정과 동일하다고 볼 수 있습니다. 이러한 과정은 세계 선교를 위한 필수적인 훈련입니다.

북미에서 자라난 2세들은 이미 다민족, 다문화적 환경 속에서 자라온 선교적으로 너무나도 훌륭한 인적 자원이라고 할 수 있습니다. 과거 100여 년 전 한국으로 복음을 전하기 위해 들어왔던 서양 선교사들은 다문화적 환경에 노출된 적이 없었습니다. 그에 대한 깊은 이해가 없는 상황에서 선교를 감당하다가 갖은 시행착오와 어려움을 겪어야만 했습니다. 그에 반해 북미에서 자라난 한인 1.5세나 2세 선교사들은 선교지에서 적응을 잘합니다. 이미 수년 동안 다민족적 환경을 경험했고, 다양한 문화를 체험했기에 어떤 선교지를 가던지 별로 낯설지 않기 때문입니다. 그리고 그 나라의 문화적 특성을 이해하려고 노력하기 때문입니다. 상호의존형 교회는 미래 선교사역을 위해서도 크게 쓰임 받을 수 있는 모델입니다.

기존 패러다임	새로운 패러다임
교회	
하나의 민족과 문화만을 지향하는 교회	둘 이상의 문화 집단이 함께 공존하는 교회
둘 이상의 세대가 존재할 수 없는 한계적 교회	다세대가 함께 이루어지고 나아가 다민족까지 아우를 수 있는 교회
기존 교인들에게 초점이 맞춰진 교회	활발한 전도 활동을 통해 예수님을 믿지 않는 영혼들을 대상으로 존재하는 교회

1세대와 2세대의 지속적인 대화 필요

비록 미래 대안적인 이민 교회의 모델로 상호의존형 교회를 중점적으로 다루었으나 그 외에 모델들도 장단점이 있고 성패의 결과가 다르기 때문에 한 가지만 옳다고 단언하기는 어렵습니다. 그래서 미래 대안적인 이민 교회는 다양한 모델에 대한 연구뿐 아니라 1세대 목회자와 2세대 목회자가 끊임없이 협력하고, 배려해 주고, 권위를 인정해 주며 세워 나가는 모습이 필요한 것입니다.

1세대와 차세대 협력을 위한 7가지 방법[35]

1) 영어 회중은 1세 교회의 한 소속부서가 아니라 선교지의 개척 교회라는 인식을 가져야 합니다.

---

35) 지난 2008년 3월 24일부터 27일까지 순복음뉴욕교회(김남수 목사)에서는 킴넷(KIMNET – Korean Inter–Mission Network)이 주최하는 선교 대회가 열렸다. 당시에 시카고 레이크뷰 교회를 담임하는 강민수 목사가 "1세대와 차세대의 협력을 위한 7가지 제안"이라는 제목으로 주제 발표를 하였다. 강민수 목사는 16세에 이민 와서 미국에서 1세대를 산 사람이다. 그는 1세와 2세 목회를 놓고서 많은 고민을 하다가 1세 목회는 감당할 사람이 많은 반면 2세 목회는 감당할 인력이 없다는 것과 어릴 때 일찍 이민 온 아내를 배려하여 영어 목회를 시작했다. 이 내용은 강민수 목사의 강의를 저자의 안목에서 해석한 것이다.

윌로우크릭교회 (Deerfield, Illinois) 빌 하이벨스 목사는 교회부흥의 비결을 묻는 질문에 "선교사의 자세로 목회를 했기에 기존교회에서 포용하지 못하는 불신자를 교회에 이끌게 된 것이 비결이다."고 답했습니다. 선교사는 본국에서 살면서 익숙해진 언어와 문화를 포기하고, 선교지의 언어와 문화를 배워서 그들의 눈높이에 맞는 복음을 전합니다. 빌 하이벨스 목사는 선교사의 심정으로 많은 기성 교회와 교인들에게 어려움을 당했으나 가장 효과적인 전도방법을 찾았고 그 이후 불신자를 위한 예배와 전도를 지속하였습니다. 이와 마찬가지로 한인 1세 교회가 2세를 위한 목회를 감당하기 위해서는 선교적인 자세가 필요합니다. 1세와 다른 2세들의 사고방식을 이해하고, 그들의 문화와 사고를 있는 그대로 포용해야 합니다.

많은 한인 교회에서 1세 담임목사는 그들이 경험한 목회 경험이 목회의 정석이라고 생각합니다. 그래서 2세 사역자들에게도 똑같은 모습으로 사역에 임하기를 바랍니다. 1세들에게 있어서 새벽 기도는 매우 중요합니다. 한인 1세를 대상으로 목회하면서 목회자가 새벽기도를 포기한다는 것은 거의 있을 수 없는 일입니다. 하지만 2세들에게 새벽 기도를 실시해야 한다고 요구해서는 곤란합니다. 이것을 신앙적인 열정 문제로 이해하기보다 문화적인 차이로 해석해야 합니다. 1세 사역자들은 반드시 정장을 입고 강단에 올라야 합니다. 하지만 북미의 유수한 교회들에서 목회자는 정장을 입지 않습니다. 불신자들의 눈높이에 맞는 교회의 모습을 추구하기 위함입니다.

한인 교회라고 해서 한인들만을 위해 존재할 수는 없습니다. 한인 2세들을 적극적으로 지원해 줌으로 한인뿐만 아닌 주변에 있는 소수민족들을 구원의 방주로 이끄는 역할을 감당해야 합니다. 미국이나 캐나다, 북미에 거주하는 사람들도 선교사로 인식해야 합니다. 일찍이 하나님께서 우리 한인들을 이곳에 부르신 특별한 이유를 깨달아야 합니다. 그리고 그 선교적 사명을 향해 이민 교회는 새로워져야 합니다.

2) 2세들의 부족한 현재의 모습에 실망하지 말고 장차 하나님에게 크게 쓰임 받을 귀한 그릇이라는 믿음과 기대감을 가지고 그들을 대해야 합니다.

1세들은 한인 교회에 있는 2세들을 바라보며 헌신도 없고, 헌금도 안 하고, 장래가 암담하다는 생각을 많이 합니다. 실제로 지난 몇 년 간 한인 교회 교육 목사로 섬기면서 2세들을 보며 안타까운 마음을 가질 때가 많았습니다. 하지만 한인 2세들은 무한한 가능성을 가진 세대입니다. 영어를 할 수 있다는 것, 주류사회에 진출하여 직장 생활을 하고 있다는 점, 젊고 패기가 있다는 점 등 한인 1세보다 가능성이 많은 세대임에 틀림없습니다. 그래서 1세들은 2세들을 대할 때 그 가능성을 바라볼 수 있어야 합니다. 1세들은 2세들을 부정적인 시각이 아닌 믿음과 기대를 가지고 바라볼 수 있어야 합니다. 그리고 지속적으로 그들의 사역을 격려하고 존중하고 용기를 북돋아 주어야 합니다.

누구도 처음부터 목회자로 태어나는 경우는 없습니다. 훌륭한 목회자는 영향력 있는 멘토들과 성도들에 의해서 만들어지는 것입니다. 1세 목회자들은 2세 목회자들을 세우는 일에 앞장서야 합니다. 그들이 미래 교회를 이끌어 갈 수 있는 제목들로 준비시켜야 하는 책임이 있습니다. 한인 1세들이 가지고 있는 긍정적인 신앙열정과 헌신을 가르쳐 주고, 2세들의 장점들을 일깨워 줘야 합니다. 1세들의 지속적인 헌신과 노력 없이 미래를 책임지는 2세 사역자들이 세워질 수 없습니다.

3) 영어 회중을 위해 전임 사역자를 청빙하고 2세 목회자의 성장과 계발을 위해 장기적으로 투자해야 합니다.

영어 목회를 위해 2세 목회자를 청빙하는 것이 중요하지만 경험이 풍부한, 소위 모든 부분에서 갖추어진 사역자를 찾기란 매우 어렵습니다. 1세 사역자들은 한인 교회 전도사부터 시작하여 충분한 훈련을 받고 담임목사로서 부임해도 역량을 발휘할 수 있는 목회자가 많습니다. 반면에 배울 곳이 마땅치 않은 2세 사역자들은 목회에 대한 경험이 상대적으로 부족하기에 다양한 시행착오를 하게 됩니다. 그 결과 섬기는 교회에서 숫자적인 부흥이 쉽게 이루어지지 않기도 합니다. 그렇기에 1세들은 2세 사역자들의 성장과 계발을 위해 장기적으로 투자할 수 있는 관대한 배려와 마음을 지녀야 합니다. 그들에게 필요한 다양한 교육, 세미나 등을 제공해야 합니다. 설령 2세 사역자들이 교회에서 제공하는 모든 지원을 받은 뒤에 그 교회를 떠난다고 할지라도 주님의 나라를 위해서 사람을 키우는 관점으로 보면 전혀 아까울 것이 없습니다. 무엇보다 2세 사역자들과의 지속적인 만남을 통해서 목회적인 교류를 해야만 합니다. 언어적인 한계가 있음에도 불구하고 그러한 노력들을 통해서 보다 건설적인 목회의 방향이 설정될 수 있습니다.

4) 영어 회중이 성장할 수 있도록 좋은 환경을 마련해 줌과 동시에 그들이 자립심을 키울 수 있는 여건을 제공해 주어야 합니다.

대부분 2세들은 본인이 속한 교회에서 1세들에게 우선순위가 밀린다는 생각을 가지고 있습니다. 왜냐하면 영어 예배는 매우 이른 주일 오전이나 한국어 예배가 끝난 늦은 오후에 드려지기 때문입니다. 영어 회중들에게 보다 더 편안한 시간대에 예배를 드릴 수 있도록 배려해 주는 것이 목회적인 관심의 시작이라고 할 수 있습니다. 영어회중에게 좋은 환경을 만들어 주는 것과 동시에 그들 스스로 자립할 수 있는 자립심을 키워 주어야 합니다. 2세들에게 무조건적으로 재정적인 지원을 해 주는 것보다 철저한 계획 가운데 단계별로 재정 지원이 필요합니다. 그리고 궁극적으로는 재정적으로 독립할 수 있도록 격려하고 교육할 필요가 있습니다.

5) 영어 목회를 한국의 언어와 문화를 전수하는 도구로만 사용하지 말고 한인 2세 및 타민족을 전도하고 제자화하는 것에 목적을 두어야 합니다.

2세들이 가지고 있는 영어라는 도구를 통해서 단순히 한국인들, 한인 2세들만을

대상으로 한 교회를 추구하기보다는 이곳에 거주하는 모든 다민족들을 전도의 대
상자로 삼아야 한다는 것입니다. 이것은 앞서 반복적으로 강조한 내용입니다. 북미
에서 이중 언어를 구사하고, 두 가지 문화를 이해하며 산다는 것은 선교적으로 매우
큰 장점입니다. 이러한 좋은 조건, 좋은 여건을 통해서 하나님 나라를 확장시킬 수
있도록 우리 2세들을 키워야 합니다. 그들에게 사명을 고취시켜야 합니다.

6) 영어 회중의 비전, 가치, 목표, 조직, 스케줄 등의 목회 계획을 자체 내에서 세
우도록 허락하고 단계적으로 독립 교회로 발전시켜 나가야 합니다.

한국어권 회중과 영어권 회중의 가장 큰 갈등의 시작은 영어권 회중이 준비되지
않은 상태에서 무리하게 독립하려고 하는 '탕자 콤플렉스'와, 영어회중이 독립할 수
있는 여건이 갖추어졌음에도 불구하고 한국어 회중이 인정해 주지 않는 '왕 콤플렉
스'에 있다는 것입니다. 영어권 회중이 독립할 준비가 되지 않았을 때는 권리를 주장
하기보다 한국어권 회중의 보호 아래 내실을 기하며 성장하고, 영어권 회중이 성장
하면 한국어권 회중은 영어권 회중에게 더 많은 자율성을 인정해 주어야 합니다.

각 교회마다 문화가 다릅니다. 각 교회마다 성장의 배경이 다릅니다. 그렇기에 2
세 독립 교회를 세울 때에도 교회의 특성과 배경을 잘 살피고 진행해야 합니다. "주
변 교회에서 추구하는 방향이기에 우리도 추구한다."는 모습처럼 위험한 것이 없습
니다. 주먹구구식의 계획이 아니라 아주 구체적이고 현실적인 계획을 세워서 보다
건강한 2세 교회를 세우는데 주력해야 합니다.

7) 때가 되었을 때 영어 회중을 독립 교회로 개척시켜 주고 교회가 계속해서 지
교회를 개척하는 비전을 추구해야 합니다.

2세 교회가 독립된 이후에 만일 1세 교회를 떠난다 하더라도 넓은 마음으로 품
어야 합니다. 한인 교회에서 1세와 2세와의 갈등이 야기되는 이유 가운데 하나는 재

정적으로 아낌없이 지원해 준 2세 교회가 스스로 독립할 단계에 이르면 무조건 1세 교회를 떠나는 모습들이 있었기 때문입니다. 1세들의 큰 헌신으로 2세 교회가 독립되었고, 이후 2세 교회가 1세 교회와 더 이상의 교류를 원하지 않는다고 해도 마음껏 축복하여 보낼 수 있는 관대함이 필요합니다. 이후에도 1세들은 또 다시 2세 교회를 세우고 독립시킬 계획을 가져야 합니다. 이것을 선교적인 측면에서 바라볼 수 있는 시각이 필요합니다. 궁극적으로는 하나님 나라 확장을 위해서 쓰임 받는 일이기 때문이지요.

성경에 근거한 뚜렷한 2세 교육, 2세 교회의 비전을 세우라.

잠언 29장 18절에 나와 있는 "묵시가 없으면 백성이 방자히 행하거니와"라는 말씀이 영어 성경에는 "Where there is no vision, the people perish"라고 표현하고 있습니다. 이 말씀은 사실 '비전 없는 민족은 망한다.'고 번역하는 것이 더 정확합니다. 교회에서는 교회를 이끌어 가는 리더들이 어떠한 꿈을 갖느냐 하는 것이 매우 중요합니다. 그러나 그 꿈과 비전은 반드시 성서에 기초한 결과물이어야 합니다. 왜냐하면 비전은 한 교회의 비전이나, 개인의 비전에 앞서서 하나님의 비전이어야 하기 때문입니다. 앞에서 언급한 신명기 6장의 4-9절의 쉐마의 말씀이나, 잠언 22장 6절의 말씀들을 근거하여 2세 교육의 비전을 세운다면 가정 중심적인 교회를 지향하게 되는 것이 당연합니다. 아울러 바람직한 2세 교회의 모델을 꿈꾸며, 교회는 그에 대한 구체적인 비전과 목표를 세우는 것이 필요합니다. 교회는 하나님께서 우리들에게 주신 비전과 사명을 구체화하고 전달하는 도구입니다. 보통 교회에서 현실 가능한 비전을 만들고 지향하는데 몇 가지 어려움들을 호소합니다. 특별히 이민 교회 내에서 그러한 어려움은 더욱 두드러지게 나타나기도 합니다.

1) 사람들이 변화를 싫어합니다.

변화에 대한 소극성이나 저항이 미래에 대한 비전을 불필요하게 만듭니다. 변화를 불필요한 것으로 여기거나 더 나아가 거부하는 이들에게 비전은 거추장스럽거나 거북한 것일 뿐입니다. 이제까지는 우리 자녀들의 신앙 교육을 교회가 전적으로 책임지고 있다는 확신에 근거한 신앙생활을 해 온 사람들이 많이 있습니다. 그러다 갑자기 언제부터인가 가정 중심의 교회 교육, 가정 중심의 신앙 교육이 중요하다는 이야기를 듣게 되자 부모들이 갖게 되는 부담은 가중될 것이 분명합니다. 이민 교회 내에서 교회 가는 일차적인 목적을 쉼과 안식을 얻는데 두었는데 교회 교육에 있어서 부모들의 적극적인 참여와 관심과 헌신을 지속적으로 요구하니 이에 부응하기가 힘들다는 소리도 나올 수 있습니다.

한인 이민 교회가 2세 교회의 미래에 대해서 고민하고 점차적으로 그들에게 권한을 위임해 주는 단계에서도 많은 갈등의 여지가 있습니다. 재정적인 부담을 1세 교회가 모두 감당하면서도 실질적인 권한은 함께 공유해야 한다고 할 때 그런 상황이 1세들에게는 부담으로 다가올 수 있기 때문입니다. 그리고 무엇보다도 지금까지 해 온 방식에 너무 익숙하기 때문에 새로운 방식, 새로운 시도 자체를 부담스럽게 여기거나 거부하는 경우가 많습니다. 그러나 교회의 미래, 교회의 비전, 교회의 사명은 그것이 하나님께서 원하시는 방향인가 아닌가의 여부가 중요한 것이지, 내가 편한가 불편한가 하는 것은 중요하지 않습니다. "벌레의 눈을 가진 사람은 망하고 새의 눈을 가진 사람은 흥한다."라는 말이 있습니다. 즉 벌레처럼 앞을 내다보지 못하고 꿈과 비전이 없으면 결국 스스로 좌절하다가 망하고 만다는 이야기입니다. 그러나 새처럼 멀리 내다보면서 미래의 꿈과 비전을 소유한다면 아무리 어려운 환경 속에서도 살아갈 용기와 힘을 얻게 되고, 결국에는 그 모든 어려움을 극복하고 흥하게 된다는 이야기입니다. 역사가 오래 된 이민 교회일수록 전통과 관습을 중요시 여깁니다. 내일에 대한 찬란한 꿈과 비전보다는 과거의 경험에 묶여 있는 경우가 많습니다. 그러나 지난 수십 년 동안 교회가 어떻게 운영되어 왔는가 하는 것은 중요하지 않습니다. 더 중요한 것은 이민 교회의 미래를 생각하면서 하나님께서 주신 사명을 감당하기 위하여 미래를 준비하는 교회의 모습으로 신속하게 탈바꿈하는 것입니다. 과거에 통했던 것이 현재에는 통하지 않을 수도 있다는 사실을 늘 인지해야만 합니다.

마가복음 2장 22절에 "새 포도주를 낡은 가죽 부대에 넣는 자가 없나니 만일 그렇게 하면 새 포도주가 부대를 터뜨려 포도주와 부대를 버리게 되리라 오직 새 포도주는 새 부대에 넣느니라 하시니라." 말씀합니다.

지난 수십 년 간 교회 생활을 해 오면서 깨달은 흥미로운 사실이 하나 있습니다. 세상에서는 첨단 기술을 다 동원하여 교육을 위해 사용하고 있는데 교회는 과거 50년 전이나 50년이 지난 지금이나 별로 달라진 것이 없다는 것입니다. 새로운 세대를 맞이하고, 새로운 세대를 교육하기 위해서 지금까지 해 왔던 시스템과 환경에 담대한 변화를 줄 수 있어야 합니다. 예수님께서도 새 포도주는 새 부대에 넣어야 한다고 말씀하셨습니다. 다가오는 세대를 맞이하고 준비할 수 있는 새 부대가 속히 마련되어야 합니다.

2세들이 대학을 졸업하면서 10명 중 9명이 한인 교회를 떠나고 있다는 현실을 직시한다면 우리는 과거에 해 왔던 사역을 답습할 수 없습니다. 새로운 문화, 새로운 사회적 도전들, 새로운 교육 환경 속에서 교회도 새롭게 변화되어야 하는 것입니다. 왜냐하면 그동안 해왔던 사역들에 여러 문제점들이 있었기에 소리 없는 탈출(Silent Exodus)의 결과가 초래된 것이기 때문입니다.

2) 변화 관리 능력의 부재로 인한 불안이 비전을 제시하는 것을 방해합니다.

교회가 비전과 목표를 제시하기는 했는데 이에 대한 구체적인 방안을 함께 공유하지 못하므로 혼란만 가중되는 경우가 많습니다. 예를 들어 우리 교회는 '1세보다 2세가 더 나은 교회를 꿈꾼다'라든지, '이민 교회 2세들을 위해 헌신하는 교회'라든지

하는 비전을 세웠지만 모든 교회의 운영이 비전과 목표와는 전혀 연관 지을 수 없는 모습이라면 성도들은 교회의 존재 목적에 대해서 혼란한 상태에 빠지게 될 것입니다. 희망찬 목소리의 비전보다 더 중요한 것은 그에 대한 실행 방향을 제시하고 실제로 비전에 의해 교회를 운영하는 모습입니다. 말로만 비전을 외치는 것이 아니라 행동으로 비전을 실행에 옮길 수 있는 대단한 각오와 헌신이 요구됩니다.

3) 비전에 대한 동기부여가 결여되었을 때 비전 제시가 어렵습니다.

지도자가 아무리 현실적이고 바람직한 비전을 제시했다고 해도 그 비전을 교회가 함께 공유하고 고민하지 않게 되면 비전 그 자체로 남아 있을 뿐 실행에 옮기기가 어렵습니다. 리더가 혼자서 비전을 실행에 옮길 수 없기 때문입니다. 이민 교회의 바른 비전과 목표를 세웠다면 성도 모두가 그 비전에 동참할 수 있는 구체적인 방법을 모색할 필요가 있습니다. 현실적으로 가능한 단계가 어디까지인지 파악하고 단계별로 비전을 이루는데 함께 동참하도록 독려해야 합니다.

비전의 사전적인 의미는 '보는 것'입니다. 현재의 보이는 것뿐만 아니라 미래의 그림도 함께 보는 것입니다. "지금 우리 교회의 모습은 이렇고, 앞으로 다가올 미래 우리 교회의 모습은 이렇게 될 것이다, 이렇게 그려질 것이다."를 내놓는 것이 비전입니다. 교회가 보다 더 구체적인 계획과 과정을 통해서 앞으로 이루고자 하는 가정 중심적 모델을 그리고 2세 사역의 모델을 그려나가는 것이 필요합니다.

교회의 현 상황 파악하기

교회의 현 상황을 파악하고 구체적으로 인지하는 것이 무엇보다 중요합니다. 지금까지 2세 교육을 위해서 해 왔던 다양한 교육방법이 있었다면 그에 대한 구체적인 평가가 반드시 이루어져야 합니다. 그리고 교회 내에 새로운 환경을 도입하는데 있어서 장애물들은 무엇이며 필요한 요소가 무엇인지를 파악해야 합니다. 아울러 교회에 출석하고 있는 1세와 2세의 분포도, 2세들의 연령층이 어떠한지 등 그들의 문화적 상황에 대한 인식도 필요합니다.

실행하기

실행에 대한 부분은 앞서 제안한 모든 대안들 가운데 포함이 되어 있습니다. 이민 교회의 구체적인 비전과 목적과 방향을 정했다면 이제는 구체적인 실행이 필요한 것입니다. 다른 무엇보다도 2세들을 위해서, 우리들의 자녀들을 위해서 존재하는 교회가 요구되는 시대입니다. 1세대 이민자들이 왜 이민을 왔는지를 정말로 깊이 고민한다면 2세들에게 더 많은 관심을 갖지 않을 수가 없게 됩니다.

결론

우리는 지난 100여 년 간 이민자로서 앞만 보고 달려왔습니다. 때로는 무엇을 위해 달리는지 목적을 알지도 못한 채 무조건 달려만 왔습니다. 이제는 우리의 몸과 마음을 잠시 추스르며 지나온 날들을 뒤돌아볼 시간을 가져야 할 때입니다. 우리 1세대들에게 보다 복된 삶은 우리 세대보다 다음 세대가 하나님 앞에 훨씬 더 귀하게 인정받고 쓰임 받는 일입니다. 지금까지 땀과 눈물을 쏟아 내며 일구어 온 이 땅의 터전들을 이제는 밝고 희망찬 미래를 위해, 우리 2세들에게 건강하게 물려 주어야 할 것입니다. 세상에 그 어떤 유산보다 더욱 값지고 소중한 유산은 바로 우리들이 만난 하나님, 우리가 몸소 경험하고 체득한 하나님의 섭리일 것입니다. 세상 그 누구가 아닌 우리 2세들에게 보다 바른 신앙과 믿음을 전수하기 위해서 우리의 작은 섬김과 헌신과 희생이 필요합니다. 우리들의 그 아름다운 섬김을 통해서 다가오는 세대들의 미래는 더욱 밝고 희망차리라 확신합니다.